SUPERamiche del ♥

xxx

Clara

Ellie

Jessi

Zati

Nome: Clara

Soprannome: purtroppo solo Clara

Capelli: castani lisci con frangetta

Occhi: verdi

Fratelli e sorelle: Maurizio detto Mau (nove anni) e Paolo detto Pao (sette anni)

Animale preferito: cane (ha una cagnolina che si chiama Sara)

Cibo preferito: la cotoletta alla milanese e la torta di mele della mamma

Colore preferito: azzurro

Materia preferita: matematica

Pregi: è molto brava a scuola, ironica e sincera

Difetti: a volte vuole fare troppo la dura ed è un po' gelosa (soprattutto di Ellie)

Ellie

Nome: Elisa

Soprannome: Ellie o Eli

Capelli: neri lunghi e lucidi (Ellie è davvero bellissima!)

Occhi: marroni

Fratelli e sorelle: Cinzia detta Cì (sei anni)

Animale preferito: farfalla (ha dei colori così belli...)

Cibo preferito: le piace tutto ma i muffin sono il suo dolce preferito

Colore preferito: rosa

Materia preferita: italiano

Pregi: è molto brava a scuola, è dolcissima e sa ascoltare

Difetti: passa ore in bagno a truccarsi... e alla fine è sempre in ritardo

Jessi

Nome: Jessica

Soprannome: Jessi, Gege, Jecca

Capelli: bruni lunghi e ricci

Occhi: castani

Fratelli e sorelle: è figlia unica

Animale preferito: ghepardo

Cibo preferito: le piace tutto, purché faccia bene alla salute e sia pieno di vitamine! Il suo dolce preferito è la cheesecake (la sua mamma è americana...)

Colore preferito: blu

Materia preferita: inglese

Pregi: è vivace e allegra

Difetti: esagera un po' troppo con la palestra

Tati

Nome: Tatiana

Soprannome: Tati

Capelli: biondissimi (anche se è equadoregna)

Occhi: azzurri

Fratelli e sorelle: Julius o Giulio (diciassette anni) e Majelin (appena nata)

Animale preferito: gatto

Cibo preferito: tutti i dolci

Colore preferito: giallo

Materia preferita: educazione fisica

Pregi: è più buona del pane e, a differenza di Elisa, è puntualissima

Difetti: a volte è fin troppo tranquilla!

Io

Nome:

Soprannome:

Capelli:

Occhi:

Fratelli e sorelle:

Animale preferito:

Cibo preferito:

Colore preferito:

Materia preferita:

Pregi:

Difetti:

Incolla qui
la tua foto

Firma ____________________

La mia superamica del cuore

Nome:

Soprannome:

Capelli:

Occhi:

Fratelli e sorelle:

Animale preferito:

Cibo preferito:

Colore preferito:

Materia preferita:

Pregi:

Difetti:

Incolla qui
la foto della tua
superamica del cuore

Firma ______________________

Editing e redazione: Clare Stringer
Progetto grafico: Laura Zuccotti

I Edizione 2003

15033 Casale Monferrato (AL) - Via del Carmine, 5
Tel. 0142/3361 - Telefax 0142/74223
www.edizpiemme.it

Stampa: G. Canale & C. SpA - Borgaro Torinese (TO)

Elena Mora

Che guaio la dieta!

(ma perché bisogna essere magri per forza?)

illustrazioni di
Sara Not

PIEMME
Junior

A Sara,
inimitabile

Clara, disconnettiti!!!

– Clara, disconnettiti!!!

Uffa! Proprio adesso che erano entrate in chat anche le mie amiche Tati e Jessi... è sempre la solita storia. Se c'è un momento in cui una può stare tranquilla, in cui si può chiacchierare coi ragazzi senza che ti vedano l'apparecchio per i denti, i brufoli, la ciccia... E, soprattutto, in cui posso usare il *nickname* che mi sono scelta io, un soprannome buffo al posto di questo nome da romanzo del secolo scorso che i miei mi hanno affibbiato. Loro dicono che volevano un nome corto, con tante "a": beh, ce n'erano di alternative, no? Chiara, Sara, Gaia... **ma Clara!** Se poi ci mettete che **le mie amiche,** quelle **del cuore** s'intende, si chiamano Jessica (detta Gege, Jecca, Jessi), Elisa (detta Ellie o Eli) e Tatiana (detta solo

Tati), potete ben immaginare che figura ci fa Clara lì in mezzo... beh, più o meno la figura che ci faccio io.

Mi spiego: avete per caso visto il film della Disney, *Aladin*? Avete presente la principessa

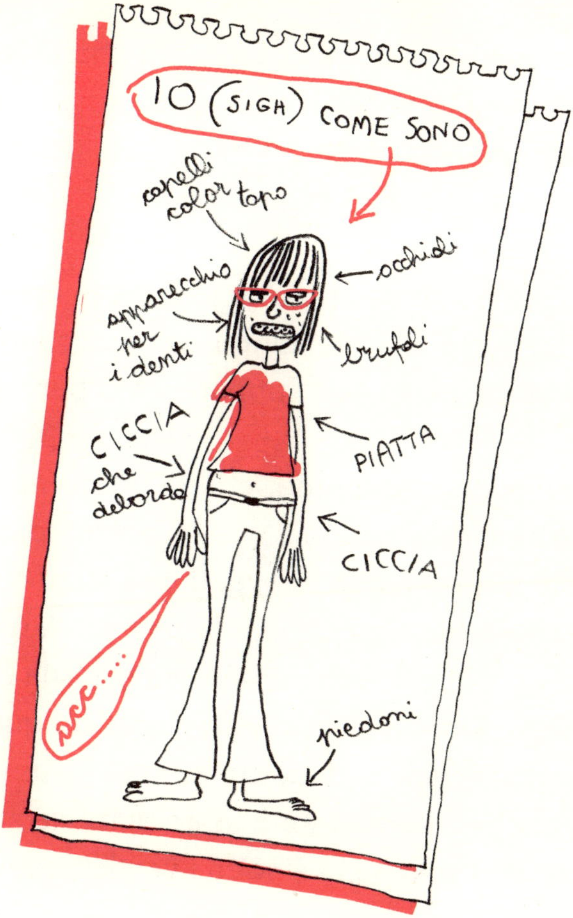

Jasmine? Ecco, Jessica è U-G-U-A-L-E! Bruna, con i capelli ricci, gli occhi che ridono all'insù, le gambe lunghe lunghe.

Tatiana? I suoi genitori sono equadoregni e potete non crederci, ma lei è bionda, con gli occhi azzurri. Quanto a Elisa, ha una faccia da bambolina di porcellana, capelli lunghi, neri e lucidi: quando passa lei tutti, dico **tuttissimi i ragazzi** si girano. Anche se, a dire il vero, è un po' cicciottella.

Io? Io ho gli occhi verde palude, i capelli color topo, la frangia lunga per nascondere i brufoli, gli occhiali e l'apparecchio per i denti. Vi basta?

Secondo la mamma, che di primo nome fa Viviana e di secondo **stress,** cammino con le spalle troppo curve in avanti, ma lei non capisce che è per nascondere la pancia. Anche se adesso, a dire il vero, mi sembra che stia un po' diminuendo. La sera a letto mi faccio quindici addominali prima di dormire, ma i jeans a vita bassa che adesso vanno tanto di moda stanno benissimo solo a chi è sotto i venticinque chili!

Scendi, la cena è pronta!

– **Scendi, la cena è pronta!**

Come odio questi momenti! Mi tocca lasciare il mio regno per la caotica, rumorosa, disordinatissima sala da pranzo.

Il mio rifugio, a dire la verità, non è proprio mio, ma, dopo lunghe trattative in famiglia, me lo sono riservato. Si tratta di una **stanza tutta a vetri** che si affaccia sul terrazzo con i fiori, di cui la mamma va smisuratamente orgogliosa (dei fiori, non della stanza). Credo che all'inizio fosse una specie di serra, e d'inverno torna a esserlo perché riportano dentro i limoni e le gardenie. Ci sono il mio computer, i miei libri, il mio stereo. In più, una piccola scrivania e le sdraio che si portano fuori d'estate. Se aggiungete il telefono cordless, è praticamente il paradiso. Davanti, anche se siamo a Milano, non c'è nessuno: sotto c'è il club del tennis che aveva ispirato a Jannacci la canzone *El portava i scarp del tennis* (questo lo so perché la mamma lo ripete immancabilmente alle sue amiche quando le porta in visita al terrazzo). Quando è in casa, la mamma spesso invita

le sue amiche, e siccome devono passare qui davanti, è una rottura: ma per fortuna (?) la mamma lavora tantissimo, quindi in casa non c'è quasi mai. In ogni caso, rotture e nostalgie canzonettistiche a parte, **è un posto bellissimo.**

Sotto, dietro la porta e la scala ripida che porta al mio rifugio, è tutta un'altra musica. Anzi, per l'esattezza, RUMORE. I miei fratelli (ne ho due, uno di sette e uno di nove anni), si inseguono per

tutta la casa con l'arma-giocattolo del momento, che cambia spessissimo ma è sempre molto molto rumorosa.

Sembra che l'unica cosa che hanno in comune la spada segreta di Dragonball, la daga transformer di Ufo Robot e la dentiera stritolante di Streetshark sia il livello impressionante di assordante fragore. Insomma, le due pesti non fanno altro che inseguirsi rumorosamente per casa, tallonati da Sara, la cagnolina che abbiamo trovato al canile e che ha deciso di diventare il più efficiente dei cani da guardia: ma non deve aver capito bene la questione, perché non fa nulla se in casa entra qualcuno, mentre abbaia con tutte le sue forze se uno degli ospiti, uno di noi, la mamma o la tata cercano di uscire dalla porta di casa.

– Clara...

– Ok mamma, scendo subito!

Ci sono casi in cui l'unica strategia vittoriosa è la resa.

Elisa, quando torni?

Elisa, quando torni? È in queste sere noiose, quando le vacanze sono appena finite e la scuola non è ancora ricominciata, che la mia **amica del cuore,** Elisa, mi manca di più.

Ellie, come vi ho detto, è **la migliore delle mie migliori amiche.** Non potremmo essere più diverse, ma ci vogliamo un **sacchissimo di bene** e non potremmo fare a meno l'una dell'altra. Siamo a scuola insieme da quando avevamo tre anni, fin dall'asilo. La settimana scorsa la mamma ha trovato una foto di noi due il primo giorno delle elementari. Beh, Ellie faceva già la diva: il gomito sul banco, il viso appoggiato sulla mano, il sorriso dolce che scioglie mamme, papà e i prof (e anche i maschi...).

Dopodomani torna. Non vedo l'ora di incontrarla e raccontarle tutto quello che mi è suc-

cesso quest'estate. Poi dobbiamo andare a ritirare i libri, vendere quelli vecchi e cercare i jeans nuovi... Come si fa a iniziare un anno di scuola senza un paio di jeans nuovi? Nell'ultimo mese ci siamo tenute in contatto con lunghissime telefonate dal cellulare di mio papà (quando era di buon umore), mentre quando era arrabbiato ci facevamo solo gli **squilli** per dirci che ci pensavamo. In caso di consiglio urgente, i messaggi si incrociavano dal lago alla Sardegna.

La settimana che ho passato con lei è stata la più bella di tutta l'estate. Perché i genitori non riescono a capire che dopo i sei anni le cose che piacciono di più a loro per noi sono una noia mortale?

Uffa, il tempo non passa proprio mai!

E fra soli sette giorni inizia la scuola, con la

sveglia la mattina e i compiti il pomeriggio! La cosa buona è che quest'anno siamo in terza media, quindi saremo le più "vecchie" e rispettate della scuola. Primini, tremate, che arriviamo noi! Non male, eh?

Però intanto devo arrivare a dopodomani... Chiamerò Tatiana per sentire se domani viene in centro con me. Lei è sempre chiusa in casa a curare la sorellina... è nata l'anno scorso e abbiamo fatto il conto che quando lei andrà in prima elementare noi **avremo diciotto anni!** Certo che doverla curare sempre... Tati è praticamente una santa!

– Ciao, Tati, come ti va? Non è che domani ti danno il permesso di venire in centro con me? Potremmo metterci d'accordo anche con Jessi...

Un miracolo: Tati è libera

Un miracolo: Tati è libera. Si va in centro. Già, perché la mamma non mi lascia ancora andare in giro da sola, neanche fossi una poppante! Oppure come se il centro di Milano fosse un girone dell'inferno di Dante (ok, abbiamo avuto un'ottima insegnante di italiano l'anno scorso, ma ci sono già voci che se ne vada via...). La zona dove abito io è un quartiere residenziale a tre o quattro chilometri dal centro e per noi andarci a piedi è un divertimento. Guardiamo le vetrine, **i ragazzi,** chiacchieriamo: ma quando è stata qui la figlia di una collega della mamma che vive a Roma, alla fine della giornata era distrutta! Noi ormai siamo abituate... Così siamo partite io e Tati, di buon passo, chiacchierando e ridendo. Sua mamma era a casa per tutto il pomeriggio, così lei aveva tre ore libere. Abbiamo cercato di convincere anche Jessi a venire con noi, ma lei si era lasciata tutti i compiti delle vacanze da fare: i suoi l'hanno scoperto l'altro ieri e non le hanno dato il permesso di uscire. Povera Jessi! Certo che anche lei, però, lasciarsi tutti i compiti... voglio vederla io, a fare in tre giorni i dieci temi che ci ha dato la Luttazzi, i quaranta problemi della Pandolfi e una marea di esercizi di inglese!

Intanto io e Tati siamo arrivate in Vittorio Emanuele: non so se era perché eravamo da sole o se non eravamo dell'umore giusto, ma anche le vetrine sembravano meno **scintillanti** del solito. Siamo state la solita ora alle Messaggerie, a sentire in cuffia i cd che ci piacciono di più (e la cosa fantastica è che nessuno ti dice niente, puoi stare lì anche tutto il pomeriggio).

Dopo abbiamo fatto un giro in libreria e abbiamo ritirato i primi libri; poi, siccome eravamo troppo cariche per andare a casa a piedi, abbiamo preso un **tram cigolante,** tutto di legno e ottone, di quelli che alla mamma piacciono un sacco e a me neanche un po'.

Insomma, alla fine è stata una noia: l'unica cosa positiva è che manca un giorno in meno a domani. Per passare il tempo mi sono addirittura ridotta a finire l'ultimissimo tema che avevo da fare. Titolo fantastico, il massimo della fantasia: "Come sono andate le mie vacanze".

Come sono andate le mie vacanze

Come sono andate le mie vacanze? Si può scrivere in un tema che sono state una lagna? No, secondo la mamma non si può, quindi, visto che ho commesso l'errore di chiederglielo mi tocca darle retta.

Provo a fare una scaletta, come ci ha insegnato la prof, mettendo da una parte le cose buone e dall'altra quelle cattive.

Cose positive:

- ho preso lezioni di equitazione con il mio cavallo preferito, Tizzone detto Tizzi per il suo manto nero e lucente
- sono stata una settimana da Ellie al mare in Liguria
- ho fatto con i miei una crociera in cui c'erano ragazzi divertentissimi

Cose negative:

- siamo stati al lago per due settimane
e i miei amici di lì erano tutti via,
quindi mi sono annoiata un sacco
- l'ultimo mese non c'erano né Ellie né Jessi,
in più Tati era sempre chiusa in casa...

Beh, messa così non sembra nemmeno che sia andata tanto male! In ogni caso non vedo l'ora di tornare a scuola: in fin dei conti manca meno di una settimana...

Oggi è il grande giorno

Oggi è il grande giorno: torna Ellie. Per l'occasione anche Jessica ha ottenuto dai suoi il permesso di stare in giro con noi, con la scusa ufficiale che andiamo a ritirare i libri. Stamattina mi sono svegliata eccitatissima, giravo per casa **come una trottola,** con i miei che mi guardavano con quello sguardo tra il perplesso e il preoccupato che si scambiano spesso da quando... da quando non lo so, ma secondo loro la faccenda è seria. La mamma ripete sempre che non sa se finirà prima la mia insofferenza o la sua pazienza. A volte i genitori proprio non si riesce a capirli. Insomma, mi aggiravo per casa come una trottola, inseguita da Sara che non capiva il motivo di tanta agitazione, ma la condivideva scodinzolando, quando finalmente è squillato il telefono. Era Ellie.

Dopo un centinaio di "Finalmente" e un migliaio di **"Mi sei mancata!"** ci siamo messe d'accordo per vederci a mezzogiorno: andiamo in centro, mangiamo da Spizzico e giriamo un po'. Ora devo chiamare Jessi e Tati per comunicare loro gli ultimi dettagli. Due ore, una doccia e mezzo tubetto di correttore per i brufoli più tardi, ci troviamo tutte e quattro sotto casa di Ellie, il nostro punto di ritrovo, perché è la più vicina alla fermata per il centro. Questa sì che è vita! Ellie è bellissima, abbronzata, i capelli e gli occhi lucenti, un vestitino bianco che le sta benissimo; Jessi scatenata come sempre, in jeans e top a righine e Tati, come al solito, la più tranquilla e compassata (anche se non ci vuol molto a essere più tranquille e compassate di noi). Sull'autobus, approfittando del fatto che non era nemmeno troppo pieno, ci siamo scatenate in una delle nostre epiche discussioni, con tanto di strilli, risate e abbraccio finale di riappacificazione. Il motivo non me lo ricordo già più: ma la cosa divertente è stata che, quando la placida Tati ci ha invitate a smetterla perché stavamo disturbando tutti, una signora seduta vicino a noi è intervenuta dicendole: – No, no, lasciale continuare che è *mejo de Beautiful!*

Persino il centro di Milano sembrava magico: il **sole** illuminava le guglie del Duomo, che contro il blu del cielo sembravano un pizzo, e la gente aveva un'aria di vacanza. Anche perché, siccome le giornate così belle qui sono abbastanza rare, la gente di solito va in giro con il naso all'aria per guardare il cielo blu. Tra manager seduti nei bar di lusso, dove un panino costa dieci euro, e gruppi di ragazzini a spasso proprio come noi, in un angolo, seduto su una panchina, un ragazzo di colore cantava a gran voce un gospel seguendo la musica che sentiva solo lui in cuffia, mentre una giapponesina camminava a passi piccolissimi, riparandosi dal sole con un ombrellino di pizzo bianco. Insomma, anche questa città sa essere bellissima, qualche volta. Dopo la pizza e le confidenze **(segretissime)** sui ragazzi che abbiamo incontrato quest'estate, abbiamo fatto il solito giro di negozi: libreria, Messaggerie, Onyx con la musica a tutto volume e le magliette coloratissime. Ma ci ha incuriosito una piccola folla davanti alla vetrina di Fiorucci. Dovete sapere che Fiorucci, con le sue cose curiose, i negozietti **coloratissimi** e le commesse vestite nei modi più strani, è una delle nostre tappe fisse. In vetrina, in una vasca da bagno piena di petali di rose rosse, c'era una ragazza vera, viva e bellissima. Bionda, sottile, dalla pelle incredibilmente candida; anche se oltre al viso si vedevano solo i polpacci e le braccia, si capiva che era **magrissima.** Sgomitando fra i ragazzini ci siamo trovate un posto in prima fila, proprio davanti alla vetrina. La modella se ne stava lì, a farsi ammirare, come una sirena in un mare di petali profumati. In un angolo, in mezzo a un altro mucchietto di petali, la boccetta del profumo da lanciare. La visione ci ha incantate tutte, ma io proprio non riuscivo a staccarmi dal vetro.

– Ma guarda questa! – ha commentato Jessi.

– Che ci fa lì? – ha chiesto l'imperturbabile Tati.

– Carino, il rosso di quei petali... – commentava Ellie, che già si vedeva a cercare quell'esatto colore di smalto per le unghie.

Poi un gruppo di ragazzi si è spostato, una lama di luce ha attraversato il pubblico e, improvvisamente, sul vetro è comparso il nostro riflesso, come un ritratto di gruppo. Ellie luccicante di doposole, la figura nervosa di Jessi, i capelli biondi di Tati. E io: una cicciottella stretta nei jeans e nella maglietta corta che lasciava intravedere un rotolino di grasso (quello che la mamma facendomi arrabbiare chiama il *puppy fat*, la ciccia dei cuccioli). «Mai più così» mi sono detta. **«Da stasera, dieta stretta.»**

Si fa presto a dire dieta

Si fa presto a dire dieta quando poi le tue amiche si fermano a prendere un gelato gigante in una gelateria che espone 125 (sì, *centoventicinque*) gusti diversi. Cioccolato bianco, nero e scurissimo, gianduia, nutella, bacio, amaretto, cioccolato e menta... Ho preso il più piccolo, alla frutta.

Ma quando sono arrivata a casa, ben decisa a non inghiottire niente di più di una foglia di insalata, la nostra tata stava mettendo in forno il pollo arrosto con le patatine (in dosi industriali, perché è il piatto preferito dalla mia famiglia e, ovviamente, da me).

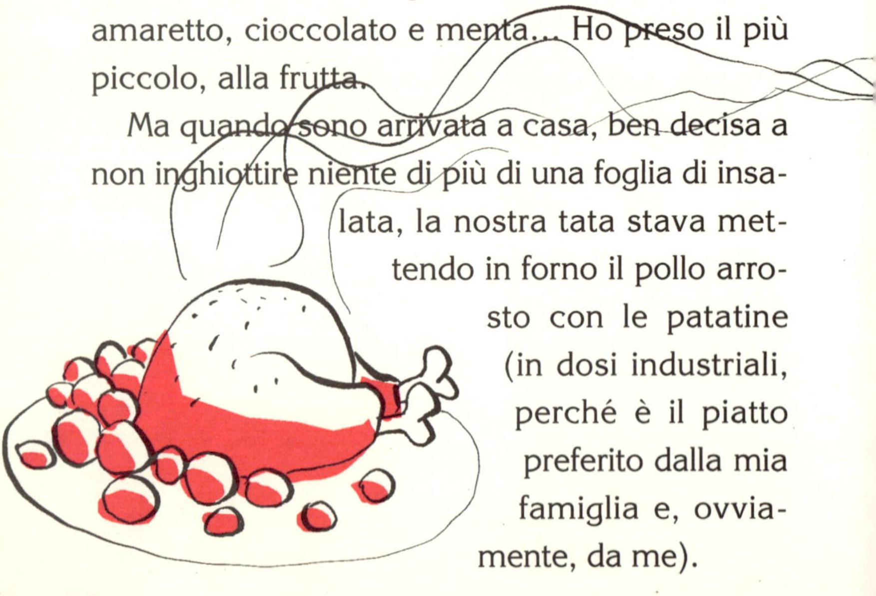

Nonostante la porta chiusa, il profumino di rosmarino arrivava fino alla mia stanza.

Quando, dopo infiniti richiami, ho dovuto rassegnarmi a scendere, papà stava già tagliando il pollo a Mau e Pao. Maurizio e Paolo sono i miei fratelli: mangiano assolutamente le stesse cose, ma sembrano Stanlio e Ollio, uno magrissimo, l'altro **cicciottoso.** (Boh?). Prima che potessi dire qualcosa, papà ha appoggiato un grosso pezzo di coscia nel mio piatto. Altro che acquolina in bocca! Tra i denti scorrevano le cascate del Niagara. D'altra parte, a pranzo, per non dilapidare la paghetta settimanale, io ed Ellie ci eravamo divise un quarto di pizza... Credo che la dieta la inizierò **da domani.** Poi la carne non ingrassa, no?

Mamma è arrivata trafelata, quando eravamo già tutti a tavola. Lei fa la pubblicitaria e spesso quando deve finire un lavoro si ferma in ufficio fino a tardi. Poi entra in casa come un ciclone, bacia tutti e mangia quasi in piedi, correndo di qui e di là. Anche questa volta, nonostante papà cercasse di fulminarla con lo sguardo (lui è uno del genere "ordine e disciplina" e non si capisce che cosa ci faccia con lei) ha afferrato una coscia di pollo con le mani e ha iniziato a sbocconcellarla mentre andava nello sgabuzzino a togliersi la giacca e le scarpe. Ma la mamma deve avere qualche potere soprannaturale, perché riesce a stare in equilibrio togliendosi le scarpe con i tacchi, sfilandosi la giacca, raccontando della sua giornata e mangiando il pollo... il tutto senza strozzarsi, cadere né sporcarsi.

Beh, prima o poi dovrò descrivervi la mamma. Tanto vale farlo ora.

La mamma **NON** è una mamma normale, di quelle con il grembiulino e le pantofole (ma esistono da qualche parte o si trovano solo nei libri delle fiabe?).

Come vi ho detto fa la pubblicitaria, inventa gli slogan per la carta igienica, i divani o i detersivi. Ma il punto non è questo. Il punto, anzi i punti sono:

1. è magrissima, anche se mangia come un lupo (sarà perché lo fa sempre di corsa, senza sedersi quasi mai?). Lei dice che è questione di **metabolismo.** Le piacciono le parole precise.

2. ha i capelli cortissimi, un po' castani, un po' rossi, un po' biondi, look di grande effetto che le costa un paio d'ore dal parrucchiere ogni due mesi. Ma difficilmente uno non la guarda una seconda volta. Sorride sempre e ha due occhi grandissimi.

3. come se non bastasse, si occupa un sacco di cose di moda, quindi si veste molto all'avanguardia, anzi, persino un po' più in là.

Tipica tenuta estiva:

stivaloni di tela e cuoio, jeans strappati, giacca leopardata portata sopra un top scollatissimo. Giaccone di camoscio con le frange. (A questo punto bisogna specificare che lei odia il freddo dell'aria condizionata, per cui l'estate è la stagione in cui si veste pesante.)

Tipica tenuta invernale:

sandali di pelliccia dai tacchi stratosferici con borsetta coordinata (il massimo è stato quando ha comprato borsa e scarpe rosa shocking: sembrava un'edizione extralarge di Barbie). Mini con calze a righe e scaldamuscoli (ma quelle non sono cose che dovrei mettere io?). Occhiali da sole scurissimi, che non so come faccia a vederci. (A questo punto avrete capito che odia il riscaldamento, per cui l'inverno è la stagione in cui usa i vestiti leggeri.)

4. a volte dà a me e alle mie amiche degli incarichi strani, tipo scrivere tutto quello che ci viene in mente su un divano di cui ci mostra la fotografia. Poi ci ripaga con delle magliette grandi e colorate che le regalano i suoi clienti, con confezioni extralarge di lecca lecca ai gusti

esotici, prototipi di biscotti a forma di osso o di teschio, cappellini con ventilatore a energia solare, mollette **luccicose** per i capelli, zaini e sacche di ogni tipo (con relativa scritta promozionale).

Risultato: le mie amiche la adorano. Io... sì. O quasi, anche se a volte non è così facile. Insomma, io preferirei una mamma tipo quella di Elisa, **una mamma “normale”,** che si veste normalmente, fa un lavoro part-time, così può andare a prendere la figlia piccola a scuola e sentire le lezioni di Ellie mentre cucina. Insomma, una mamma così.

È sbagliato? Secondo le mie amiche, che mi invidiano moltissimo, sì. Io... non lo so, magari ne parliamo un’altra volta, ok?

Evviva la scuola!

Evviva la scuola! (Accidenti, come sono caduta in basso.) Devo essere veramente disperata se l'idea di tornare a scuola domani mi riempie di entusiasmo...

In ogni caso ho preparato i miei jeans vecchi (di quelli che ho provato ieri non me ne stava bene neanche uno), la maglietta larga blu del Futurshow (neanche a dirlo, un regalo della mamma) e le mie adorate scarpe da ginnastica bordeaux, che ho rinnovato per l'occasione con un paio di stringhe bicolori, gialle e **rosa.** Ero quasi disperata perché tutti i negozi di stringhe erano ancora chiusi, quando ho trovato in casa dei colori per tessuto del periodo in cui alla mamma è venuta la mania di colorare le magliette da sola. Sì, perché la mamma è sempre fuori casa, ma poi le vengono le crisi di casalinghitudine e vuole recuperare in un giorno solo, di solito di domenica, quello che non ha fatto in sei mesi: allora cucina dodici torte, stira pigne di vestiti, mette a posto tutta la casa. La cosa strana è che quando riordina lei, gira per tutta la casa come un ciclone, riempie dieci sacchetti della pattumiera di cose da scartare, ma, alla fine di una giornata di duro lavoro, la casa è esattamente in disordine come quando aveva iniziato...

Beh, insomma, ho perso due ore e consumato due tubetti di colore per tingere le stringhe da una parte gialle e dall'altra **rosa carico:** il risultato è fantastico, perché poi, quando le intrecci, i colori si mescolano, il contrasto è bellissimo e, per di più, non ho speso un centesimo!

Ok, tutto è pronto per il fatidico giorno. Manca solo il tocco finale: la telefonata a Elisa per la buonanotte e gli ultimi commenti. Ora non chiedetevi anche voi, come fa la mamma, che cosa abbiamo da dirci visto che siamo state insieme tutto il giorno (l'ho persino accompagnata dal parrucchiere e sono stata lì mentre le tagliava i capelli). Noi abbiamo **SEMPRE** qualcosa da dirci...

Ma quella non è Agnese?

Ma quella non è Agnese?

Non avevamo nemmeno iniziato a distribuire baci, abbracci e gridolini di bentornata davanti al cancello della scuola, che Carla, detta "Gaffe", ha deciso di tener fede al suo soprannome. Dal fondo della strada avanzava un **figurino** fasciato in un vestito a pois e sormontato da quella che sembrava proprio la testa di Agnese. O, almeno, una sua imitazione. In magro. Agnese è una ragazza della 3ª C, che era nel nostro stesso corso di ginnastica. Quando ci ritrovavamo nello

love

spogliatoio, mentre noi ci cambiavamo facendo un gran chiasso, lei stava lì silenziosa in un angolo. Qualcuno dice di aver visto delle lacrime scenderle sulle guance... ma poi si consolava con le tortine del distributore automatico, che venivano automaticamente trangugiate una di fila all'altra, in fretta, prima che sua madre, che qualche volta veniva a prenderla, la scoprisse.

Beh, insomma, Agnese la cicciona era diventata **magrissima.** Cioè, non è che fosse magrissima del tutto, ma lo era **MOOOLTO** di più rispetto a prima.

– Ciao a tutti – si è presentata trionfante, spiando l'effetto che il suo cambiamento aveva avuto su tutte noi.

– Come stai bene!

– Ma che cosa hai fatto?

– Ci devi raccontare tutto!

Gli occhi luccicanti di soddisfazione, Agnese stava per essere soffocata dal gruppo di ragazzine che l'avevano accerchiata, quando è stata salvata dal richiamo del preside, che ci ha radunato tutti nel cortile per darci il benvenuto. Ma il momento delle spiegazioni è solo rimandato...

Dai, dicci come hai fatto!

– Dai, dicci come hai fatto!

La campanella del primo intervallo non ha nemmeno finito di suonare nei corridoi che Agnese si trova di nuovo accerchiata da un gruppo di ragazzine urlanti.

– Beh – si schermisce lei. – Niente di particolare...

– Ma dai, racconta!

– Svelaci il tuo segreto!

– Non mangi più pane? Pasta? Gelati?

– Ti sei messa a fare ginnastica?

– Ti sei iscritta in palestra?

– Fai la dieta dissociata? Quella del minestrone? La dieta punti? – (Elisa la precisa è informatissima: ritaglia tutte le diete dai giornali femminili che trova).

– Niente di particolare. Sono solo dimagrita

un po' – sibila allontanandosi dal gruppo e avvicinandosi, fra lo stupore generale, a me ed Elisa. Lo stupore è dovuto al fatto che i nostri rapporti non è che fossero idilliaci, anzi! Confesso che non perdo l'occasione di fare una battuta cattiva e lei, troppo spesso devo riconoscerlo, ne è stata il bersaglio. Non dev'essere stata facile la sua vita...

Insomma, Agnese ci raggiunge e annuncia: – Ciao, Clara. Quest'anno ci vedremo un sacco! I miei nonni hanno affittato un appartamento nello stesso condominio in cui vivi tu. Si trasferiscono la settimana prossima.

La notizia è fantastica. Con la scusa di aiutarla nei compiti (forse ho dimenticato di dirvi che io ed Ellie siamo le prime della classe) potrò estorcerle il segreto della sua **superlinea.** Anche Elisa è interessatissima. Con fare diplomatico cerca subito di organizzare una merenda a casa sua: sua mamma, infatti, prepara dei muffin buonissimi. Detto, fatto: l'appuntamento è per giovedì.

Mmm, buoni questi muffin!

Mmm, buoni questi muffin! Io ed Elisa guardiamo Agnese con gli occhi sgranati: ha appena finito di ingurgitare il terzo dolcetto.

Ma un altro paio di occhi sta guardando la nostra amica: e lo sguardo non è indulgente. Cì, la pestifera sorellina di Ellie, finge di giocare con le Barbie sul tappeto sotto i nostri piedi ma tiene sotto continuo controllo la scatola dei dolcetti.

Cì ha sei anni, due occhi luccicosi, un'aria da furetto, ed è assolutamente, indubitabilmente, terribilmente, incessantemente una rompiscatole. Proprio mentre noi cerchiamo di barattare generosamente i nostri muffin con il segreto della magrezza di Agnese, Cì sta per iniziare uno di quei capricci che l'hanno resa leggendaria.

– Mamma, le ragazze mi stanno mangiando tutti i dolci! – urla con volume da sirena (quella dei pompieri).

– Non preoccuparti, Cì, stasera te li rifaccio – cerca di placarla la mamma di Elisa, impassibile come (quasi) sempre.

– Ma io li voglio mangiare **ORA!** – strilla la sirena in un tono ancora più alto.

– Dai ragazze, lasciatene qualcuno anche per Cinzia. Fra l'altro, non è che siano esattamente dimagranti...

Già, questo è il punto. Sono le sei, ora del coprifuoco imposto dalla mamma. Devo tornare a casa. Per oggi credo che non scopriremo **il segreto di Agnese.** Sarà meglio che la prenda io da sola; tanto, se i suoi nonni vengono a stare da noi...

– Ok, grazie Elisa, ci vediamo.

Stiamo aspettando l'ascensore (Elisa sta all'ottavo piano) quando Agnese si precipita giù per le scale. E ci lascia lì imbambolate con un appuntamento per domenica a casa mia.

Settimana di verifiche

Settimana di verifiche a scuola. Noia soporifera, pomeriggi di ripasso e pioggia. Ma chi ha detto che settembre è un mese splendido? L'estate è un ricordo lontanissimo, l'abbronzatura se ne va, **la ciccetta resta** e si fa sempre più evidente. Passiamo il meglio dei nostri pomeriggi a ripassare e a scriverci messaggi sul diario nuovo, mentre la mattina ci annoiamo a scuola.

Essendo le migliori della classe io ed Elisa siamo molto richieste come vicine di banco, soprattutto in questo periodo di verifiche. Negli intervalli cerchiamo, inutilmente, di avvicinare Agnese. È persino più richiesta di noi! Tanto domenica la vedrò da sola. Ieri è arrivato il camion del trasloco dei suoi nonni. Sono andata a presentarmi: sua nonna è una bella signora bionda, appena un po' ammorbidita dall'età, mentre il nonno è un ammiraglio in pensione, dritto come se avesse ingoiato il bastone di una scopa, vestito in maniera impeccabile anche in mezzo al trambusto del trasloco, con due baffi a manubrio che lo fanno sembrare il ritratto di un re di una volta. Ma gli occhi sono dolcissimi.

– Tu devi essere l'amica di Agnese – dice la nonna. – Mi ha parlato tanto di te!

«Accidenti» penso preoccupata «che le avrà raccontato?». Cerco inutilmente una risposta diplomatica, ma lei continua: – Sono contenta che ci sia nel palazzo un'altra ragazzina più o meno della sua età. Così mi verrà a trovare più spesso!

Tiro un sospiro di sollievo ma, per evitare di approfondire, la saluto e la lascio in mezzo a mucchi di scatoloni.

La cosa curiosa è che hanno affittato proprio l'appartamento di fianco al nostro, al settimo piano. Non sapevo nemmeno che i precedenti inquilini se ne dovessero andare.

Ma la cosa ancora più curiosa è che, mentre

sono ancora sul pianerottolo, vedo Agnese uscire trafelata dalla porta che dà sulle scale.

Automaticamente controllo la lucina dell'ascensore, pensando che sia guasto: macchè, la lucina verde testimonia che è perfettamente funzionante. In più, siccome questo palazzo è molto grande e vuole essere lussuoso, sulle scale si apre anche un montacarichi che funziona esattamente come un ascensore.

Agnese, ansimante, ignora il mio sguardo stupito e suona alla porta dei nonni.

Faccio appena in tempo a strapparle la promessa che, dopo, verrà da me a vedere la mia stanza. Ma intanto **continuo a interrogarmi.** Che abbia paura degli ascensori?

La musica schianta le orecchie

La musica schianta le orecchie, e quasi non sento il campanello. Ma l'abbaiare di Sara supera il muro del suono, così scendo brontolando: – Non c'è mai nessuno che apra la porta in questa casa? –. E mi trovo davanti Agnese.

Baci, abbracci e la guido su per la scala fino al mio rifugio neanche poi tanto segreto.

Sembra molto colpita. Ammira i testi delle canzoni appesi qua e là e il computer colorato (veramente è della mamma, ma siccome lo uso io più di lei non è necessario specificare). Non dedica più di un nanosecondo al panorama, d'altra parte è esattissimamente lo stesso che si vede da casa dei suoi nonni.

– Raccontami, come ti va?

Come inizio non è un gran che, ma almeno è neutro.

Speriamo che oltre ai chili abbia perso anche la memoria delle mie battutacce!

– Complimenti, **sei magrissima!**

– Sì – risponde. – Ma non ancora abbastanza...

– Scherzi? Stai benissimo!

– Devo perdere ancora alcuni chili. Ne ho già persi dieci.

– Anch'io – le confesso – devo dimagrire un po'. Ma non ci riesco. Poi, se cerco di non mangiare, i miei insistono un sacco! Una noia! Tu come fai con i tuoi? Sono d'accordo?

– Mio padre è stato trasferito in Irlanda per un lavoro importante – mi spiega. – La sua banca deve aprire un ufficio lì e questo incarico è fondamentale per la sua carriera. Così viene a casa solo una volta al mese. Ogni due settimane lo andiamo a trovare noi. Adesso, quindi, quando la mamma è impegnata dovrò venire a dormire dai nonni. La mia mamma, lo sai, è un po' come la tua, non c'è quasi mai. Così fare la dieta è più facile.

– Dai, devi avere qualche **segreto speciale,** perché non si può dimagrire così tanto!

– Basta mangiare poco, pochissimo. E fare

un sacco di movimento. Andare in palestra, correre. Per esempio, prima, siccome so che la nonna mi dà sempre qualcosa di merenda, ho fatto **le scale di corsa** tre volte.

– Scusa, tre volte in salita e tre volte in discesa?

Annuisce con aria noncurante.

Ora, dovete sapere che io vorrei anche dimagrire, ma sono **pigra, pigrissima,** e l'idea delle scale a piedi (21 piani in salita + 21 piani in discesa per l'esattezza fanno 42) mi sconvolge.

Lei invece sembra tranquillissima, come se fosse la cosa più normale del mondo.

Sto per approfondire la questione, quando la porta si apre come per un colpo di vento ed entra Sara scodinzolante inseguita dai miei fratelli che, con tanto di piume in testa e ascia di plastica, hanno deciso di giocare agli indiani in terrazza. Non gli pare vero di usarci come vittime, nemici, ostaggi... Che tortura avere due fratelli piccoli! A me e Agnese non resta che salutarci, nel pieno di un indescrivibile caos: sento a stento quello che mi sta dicendo. Beata lei che è figlia unica!

Comunque l'appuntamento per domenica è confermato. Poi devo chiedere alla mamma se posso invitarla qui a dormire quando suo padre non c'è. Sento che mi sta diventando molto simpatica. Sarà il mio... **passaporto per la magrezza!**

Raga, altro che tutto rego!

Raga, altro che tutto rego!

Oggi pomeriggio ce ne stavamo andando a zonzo come al solito in Vittorio Emanuele (ormai sapete che è il nostro giro preferito) quando io ed Ellie siamo state fermate da una ragazzona **cicciottissima,** con in mano una cartellina su cui erano fissati dei fogli. Viso tondo da bambolotta, una gran massa di capelli rossi e ricci, infilata in una palandrana coloratissima, due paia di occhiali appesi al collo con le catenelle, **un gran sorriso.** Era comunque bellissima. Accanto a lei, un fotografo con un sacco di macchine fotografiche al collo, compresa una polaroid che ha subito fatto scattare davanti ai nostri occhi.

– Scusate, ragazze – ha detto la ragazzona. – Siamo dell'agenzia Starsystem. Stiamo facendo un casting per una pubblicità televisiva. Abbiamo bisogno di volti nuovi, vivaci. Possiamo scattarvi una polaroid? Questo è il foglio della liberatoria da far firmare ai vostri genitori. Comunque, dite loro che verranno contattati direttamente dall'agenzia.

Uau!

Io ed Ellie eravamo (a dire il vero per la prima volta nella nostra vita) senza parole.

Un'agenzia (vera) che ha fermato noi. Proprio **NOI DUE!** Ellie, beh, Ellie come vi ho detto è molto carina. Ma io, con il mio apparecchio per i denti, i capelli color topo, i brufoloni tipo crateri vulcanici...

E sì che corso Vittorio Emanuele era pieno pienissimo di ragazzine.

Beh, a dire il vero ne hanno fermate un sacco. Ora credo che non ci staccheremo dal telefono per i prossimi quindici giorni, in attesa che suoni: sempre che quelli dell'agenzia riescano a trovare la linea libera... A proposito di linea, io ed Ellie abbiamo deciso che dobbiamo assolutamente dimagrire: abbiamo subito fissato un incontro con Agnese per domani pomeriggio, a casa sua.

Beh, la casa di Agnese

Beh, la casa di Agnese è M-O-N-D-I-A-L-E!

Devo assolutamente raccontarvela. Intanto, però, dovete sapere che Milano è una città strana. Sembra brutta, grigia, un po' come una signora di mezza età non particolarmente bella, una che subito non si nota: poi, però, ti accorgi di alcuni particolari, magari gli occhi azzurri, le belle mani, il bel sorriso, e alla fine ti rendi conto che è affascinante. Così è **Milano:** un palazzo, un giardino, una chiesa, e ti rendi conto che una città che sembrava tristissima ha invece una sua bellezza. Insomma, per farla breve: la casa di Agnese è un appartamento in un palazzo incredibile, in una via del centro. Ha la facciata tutta storta, cioè curva, credo sia di quello stile che chiamano barocco. Abbiamo suonato il citofono accanto a un grande portone di legno lucido e siamo entrate in un cortile quadrato, bellissimo. Un cameriere in livrea con tre cagnolini al guinzaglio scendeva da uno scalone doppio, con un elegante corrimano di marmo. Era tutto come un secolo fa: sembrava quasi di sentir frusciare i vestiti delle dame che, sulle loro scarpine eleganti, salivano per andare a una festa.

– Si chiamano **Mirtillo, Fragola e Lampone,** sono i cani della mia vicina... –. Abbiamo sentito la voce di Agnese ancor prima di vederla sbucare da una ripida e stretta scaletta laterale. – Un tempo erano le scale della servitù – ci ha spiegato.

Ora, in realtà, gli appartamenti dei domestici sono diventati preziosissimi attici su due piani: Agnese sta in uno di questi, così io ed Ellie ci siamo arrampicate per le rampe ripide, un po' intimorite. I suoi hanno viaggiato moltissimo, per cui la loro casa è **INCREDIBILE!** Sembra proprio di guardare un giornale di arredamento. Tanto per cominciare è tutta bianca e perfettamente in ordine. (Casa mia, beh, vi ho già detto delle disavventure della mamma quando riordina...) Si entra in una stanza enorme, tutta bianca, tutta vuota, con un divano di pelle (bianco, neanche a dirlo) in un angolo. Poi c'è la cucina, grande come una piazza d'armi, con il bancone e gli sgabelli alti che sembra di stare in un telefilm americano; un salotto con le finestre grandissime, il soffitto a stucchi e, in un angolo, una scala a chiocciola che porta alla stanza di Agnese. Una specie di torretta con il terrazzino quadrato, il letto a baldacchino e per terra degli enormi cuscini su cui io ed Ellie, un po' intimorite, ci siamo subito accoccolate.

E siamo immediatamente entrate nel vivo del discorso.

– Dimagrire è facilissimo – ha detto Agnese. – Basta non mangiare.

– Dai, non scherzare! Vogliamo dei consigli seri... – ha cercato di ribattere Ellie.

– Sono serissima –. Agnese si è alzata, ha preso un cd da un'enorme collezione chiusa in una specie di album tipo quelli per le foto e lo ha inserito in uno stereo che sembrava una scultura. La musica ha invaso ogni angolo della stanza. – Voi siete mie amiche e sapete mantenere un segreto, vero?

Io ed Ellie abbiamo annuito.

Due ore più tardi

Due ore più tardi, un po' sconvolte, io ed Ellie stavamo tornando a casa.

La prima a rompere il silenzio è stata Ellie.

– Secondo te il divieto di parlarne vale anche per Tati e Jessi?

– Che ne so? Sembrava così preoccupata che non ne parlassimo con nessuno...

– Ma tu dici che funziona?

– Beh, basta guardarla: certo che funziona!

– Però ci hai fatto caso che lei l'anno scorso aveva dei capelli bellissimi mentre adesso ne ha molti di meno e sono opachi e stopposi?

– Sì, ma intanto è magrissima!

– Ed è dimagrita ancora nelle ultime settimane!

– Per forza, non mangia!

– Ma non eri tu che avevi il dubbio che non funzionasse?

– Vabbè, ora non cominciamo a litigare come al solito. In ogni caso, se ci chiamano dall'agenzia che facciamo? Dobbiamo **dimagrire a ogni costo.** Almeno su questo saremo d'accordo, no? Allora perché non provare il suo sistema?

– D'accordo. Quando cominciamo?

– Domattina.

Il tram (quello che piace tanto alla mamma e poco a me) è arrivato sferragliando alla fermata sotto casa di Elisa. I nostri saluti, anche se siamo state insieme tutto il giorno e ci vedremo dopo qualche ora di sonno, non durano mai meno di un quarto d'ora. **Baci,** abbracci, **scherzi,** code di chiacchiere; mentre siamo lì al semaforo arrivano anche Tati e Jessi. Abbracci generali, commenti e discussioni. Abbiamo raccontato dell'incredibile casa di Agnese e loro ci hanno fatto la cronaca del loro pomeriggio a zonzo in centro. Pare che Jessi abbia scoperto un negozio di cosmetici incredibile, con i saponi fatti a mano e dei pentoloni in cui preparano creme e pozioni. Bisognerà che ci andiamo tutte insieme. Chiedo a Tati se mi passa a prendere domattina per andare a scuola. Lei mi guarda un po' stupita (di solito ci troviamo al semaforo all'angolo), ma siccome è molto (troppo) gentile, acconsente.

Nel frattempo l'orologio ticchetta implacabile e le sei si avvicinano: devo lasciarle per incamminarmi verso casa. In fin dei conti, ci vedremo domattina. E, a dire il vero, sono anche un po' stanca.

Giorno 1, mattina

Giorno 1, mattina. Devo ricordarmi tutto quello che mi ha raccontato Agnese per mettere in atto le sue strategie segrete. Come mi ha consigliato, cerco di scendere tardi a colazione, appena in tempo per uscire di casa e arrivare puntuale a scuola.

– Buongiorno Clara, vuoi una fetta di torta di mele?

Ecco: ti pareva che il mio primo giorno di dieta non dovesse coincidere con uno degli attacchi di **casalinghitudine** della mamma! Cerco di inventarmi al volo una risposta coerente, ma anche di resistere al **profumino** della torta (quelle che fa la mamma sono un po' come le torte della famiglia Addams: bruttissime ma buonissime).

– Mi dispiace, ma', ma sono in ritardo e mi

viene a prendere Tati, non posso farla aspettare...

– Prenditi una fetta, così la mangi in ascensore – insiste spietatamente la mamma.

Vengo salvata dal suono del citofono. Tati avrà tanti difetti, ma è di una puntualità svizzera!

Purtroppo il mio stomaco dimostra di non essere d'accordo con la mia decisione di dimagrire, e mentre sono ferma ad aspettare che arrivi l'ascensore inizia a brontolare in maniera sempre più decisa. Lo ignoro. Mi avvio con Tatiana verso la scuola (sono dieci minuti a piedi, di buon passo) e mi rendo conto che lo zaino mi sembra più pesante del solito. Decido di ignorare stomaco e schiena; Tati mi aiuta raccontandomi le ultime imprese del fratello grande (diciassette anni!) che sta facendo disperare i genitori con conti del telefono salatissimi.

Al semaforo suoniamo a Ellie. Al contrario di Tati, la mia migliore amica ha un sacco di qualità, ma non la puntualità. Ogni volta la dobbiamo aspettare almeno dieci minuti. Questa mattina, invece, la troviamo già in portineria, zaino in spalla e aria assonnata (colpevole?), a dire il vero anche un po' stropicciata. – Come va? – le chiedo ad alta voce, mentre con gli occhi le lancio la **domanda segreta:** *Hai fatto colazione?*

– Bene! – è la risposta ufficiale, mentre con un cenno del capo e un'occhiata da cane bastonato mi fa capire che non ce l'ha fatta.

Ci avviamo verso la scuola, raccattando amiche e compagne. Davanti al cancello c'è anche Agnese, che ci guarda con aria di complicità. Sono molto orgogliosa di avercela fatta, almeno è un buon inizio. Il nostro **"piano A"** prevede di saltare la colazione, di non tornare a casa a pranzo dicendo ai genitori che abbiamo già mangiato prima della lezione pomeridiana di inglese e di cercare di mangiare pochissimo a cena. Il **"piano B"...** beh, speriamo che funzioni il "piano A". Per ora le cose stanno funzionando. Vedremo a pranzo.

Nell'intervallo vado in bagno e bevo un po' d'acqua dal rubinetto. Quando alzo la testa, la faccia che mi guarda dallo specchio è un po' verdognola, con delle belle occhiaie. Che abbia ragione la mamma, che dice che alla mia età devo fregarmene delle diete?

– Non stai bene? – mi chiede Jessi, entrando in bagno in quel momento. – Dovresti prendere un po' di vitamine.

Jessi e la sua mania delle **vitamine!** Dovete sapere che sua mamma è nata in Arizona, ha studiato a Los Angeles e lavorato a New York, dove ha poi conosciuto il padre di Jessi. Bene: anche in Italia continua a mantenere alcune abitudini **superamericane.** A tavola, insieme alla bottiglia d'acqua, c'è un vastissimo assortimento di flaconi **extralarge** di vitamine, mentre nei ripiani del frigo stazionano dei bidoncini di succhi di frutta da venti litri, rigorosamente senza zucchero, ma con l'aggiunta di ogni genere di vitamine e almeno una decina di integratori alimentari che garantiscono un perfetto funzionamento dell'organismo (fibre, lecitina...). A sentir lei, non si capisce come noi europei facciamo a sopravvivere oltre la prima infanzia!

Le lezioni riprendono, e non vedo l'ora che finiscano. Il mio stomaco continua a brontolare... sarà dura fargli perdere l'abitudine di una bella colazione abbondante!

Giorno 1, pomeriggio

Giorno 1, pomeriggio. La lezione di inglese è iniziata da mezz'ora, e io non riesco quasi a capire quello che stanno dicendo (anche quando la prof parla in italiano). Nell'intervallo Agnese, Ellie e le altre mi hanno distratto con le loro chiacchiere, loro hanno fatto colazione stamattina!

Ma adesso non so come riesco a tenere la testa sollevata dal banco. Quando mi alzo di colpo, al suono della campanella, la testa mi **gira vorticosamente** e d'improvviso vedo tutto nero.

Le ragazze si precipitano intorno a me, poi la prof interviene facendomi alzare le gambe e cercando di allontanare le mie compagne.

– Lasciatela respirare – dice. – Ha solo bisogno di un po' di ossigeno. Voi ragazze la domenica vi strapazzate troppo, e il lunedì arrivate a scuola più stanche di prima.

Ho come un cerchio che mi stringe la testa, il respiro corto, lo stomaco contratto. **Che cosa mi sta succedendo?**

Ellie, Jessi e Tatiana mi accompagnano fino a casa. Agnese viene con noi, sale a salutare la nonna e ci lascia annunciando che se ne va a correre un po'. Dove mai riuscirà a trovare tutte quelle energie?

Per fortuna la mamma è fuori, altrimenti avrei dovuto subire un interrogatorio. A cui, francamente, avrei avuto qualche difficoltà a rispondere.

Saluto le ragazze e vado a stendermi su una delle sdraio della mia stanza. La testa mi gira ancora un po', ma ora che sono al sicuro non è una sensazione sgradevole. **Non ho mangiato niente** da ieri sera: da più di venti ore. Ma nonostante questo (o proprio per questo?) continuano a venirmi in mente **immagini di cibo.** Come se non riuscissi a pensare ad altro.

Da sotto sento arrivare i rumori consueti: i miei fratelli che litigano e la tata che cerca di farli stare più tranquilli. Lo squillo del campanello che annuncia l'arrivo di mio padre, due

ARGH

suoni brevissimi, uno dopo l'altro, e quello della mamma, tre squilli lunghi, impazienti.

Quando scendo a cena ci sono tutti, e la mamma sta portando a tavola un vassoio con uno dei miei cibi preferiti: le **cotolette alla milanese.** Devo dire che le torte le vengono come quelle della famiglia Addams, i lavori di casa è meglio che non li faccia, ma le sue cotolette sono in assoluto le più buone della città: grandi, profumate, con il pangrattato che forma una crosta soffice e gonfia attorno alla carne. La mamma mi guarda un po' stranita e mi mette sul piatto la più grande. Mi avvento su quella delizia e addento il primo boccone che gronda e profuma di burro. Ma la mia bocca è secca e tutto ha lo stesso sgradevole sapore di segatura. Taglio la carne in pezzettini piccolissimi, mastico lentamente e cerco di ignorare lo stupore di mia madre: di solito quando fa le cotolette ne mangio due o tre.

Ma il **mio stomaco** sembra essere diventato **più piccolo,** come se si ribellasse al cibo. Sarà stato così anche per Agnese? Devo ricordarmi di chiederglielo, domani.

Giorno 2, mattina

Giorno 2, mattina. Quando mi sono alzata, stamattina, avevo una fame da lupi! Mi sono avventata sugli avanzi della torta di mele come se non mangiassi da quindici giorni. Devo parlare con Agnese. La cerco nell'intervallo ma non la trovo nei corridoi né da nessun'altra parte. Quando mi giro verso la porta a vetri che dà sul cortile, improvvisamente la vedo: sta correndo lungo il perimetro del giardino della scuola (forse definirlo giardino è un po' esagerato, quattro piante, due aiuole di erba spelacchiata, un grande ippocastano in un angolo).

Si può dire che uno corre lentamente? La corsa di Agnese sembra quella di certe scene dei film, quando rallentano una sequenza: corre e corre e corre come se scappasse da qualche cosa, ma con la certezza che, qualunque cosa sia, non ce la farà a sfuggire.

– Ciao Clara, come ti va?

Si ferma davanti ai tre scalini che danno sulla porta a vetri, si appoggia con le mani alle ginocchia un po' piegate, ansima leggermente, ha qualche gocciolina di sudore sulla fronte.
– Vuoi venire a correre con me?

Il suono della campanella mi salva, ma rimanda anche tutte le mie domande. Tutta la torta che ho mangiato mi ha fatto venire un po' di nausea, e non sono sicura che questo sistema di alimentazione a strappi sia così utile alla mia dieta. **Non so come comportarmi** oggi a pranzo. Ma non posso cedere dopo solo un misero tentativo fallito!

A casa ignoro le cotolette (come vi ho detto, la mamma prepara tutto in quantità industriali, per cui in genere si mangia la stessa cosa per tre giorni) e pesco dall'insalatiera una porzione esagerata di verdura. Faccio finta di condirla, ma ci metto solo un po' di sale e qualche goccia di limone (secondo la mamma di Jessi bisognerebbe bere ogni giorno il succo di tre limoni). La mescolo a lungo e cerco di inghiottirla. Certo che senza condimento l'insalata sembra proprio cibo per conigli! **Mastico e mastico:** le carote sembrano corteccia, le foglie di lattuga, ne sono quasi certa, non fanno che aumentare nel piatto. Cerco di ignorare gli sguardi stupiti dei miei e le occhiate che si lanciano fra loro. Per fortuna i miei fratelli, rovesciando bicchieri, tirandosi molliche di pane, facendo cadere coltelli e forchette, insomma, comportandosi né più né meno come al solito, distraggono l'attenzione da me. Ne approfitto per portare in cucina il piatto e vuotare l'insalata nella pattumiera. Vado in bagno a pesarmi: incredibile, ho perso solo mezzo chilo! Ma non devo lasciarmi prendere dallo sconforto: se c'è riuscita Agnese a dimagrire, ci riuscirò anch'io. **È solo questione di tempo.**

Sarà anche solo questione di tempo

Sarà anche solo questione di tempo, ma di quanto tempo?

Stamattina ho detto ad Agnese che nell'intervallo sarei andata a correre con lei. Così, non so nemmeno come, mi trovo ansimante al suo fianco mentre passiamo e ripassiamo attorno all'ippocastano e al praticello vicino al parcheggio.

– È questione di pochi giorni – mi rassicura. – Poi ci si abitua.

– Ci si abitua a non mangiare?

– Certo, e non solo: dopo un po' non ti va proprio di inghiottire più niente.

– Ma poi riesci anche a smettere di pensare al cibo?

Agnese si ferma, fa qualche movimento di stretching, allunga le braccia, scioglie le gam-

be, poi mi guarda e come in un soffio mi dice:
– No.

Ellie mi chiama. La prossima ora abbiamo un compito in classe di matematica, e le nostre compagne vogliono chiederci un po' di cose. Io e lei non parliamo più di dieta. I suoi hanno scoperto che cercava di non mangiare, e in casa è successa una tragedia. Basta che sua mamma non telefoni alla mia, se no sono rovinata. Ellie è una ragazza ubbidiente: se i suoi le dicono di non fare una cosa, lei non la fa. A volte ne discutiamo; noi discutiamo di tutto, ragazzi, **trucchi,** scuola... Non so come sarebbe la mia vita se non ci fosse Ellie! Di sicuro molto diversa. Siamo diverse in tante cose, ma ci rispettiamo. Non è una cosa facile: di solito, se uno ha un'idea differente dalla tua, cerca di convincerti. Con Ellie non succede mai. **Per questo siamo amiche.** A volte, poi, io riconosco che ha ragione, ma lei non mi fa pesare i miei sbagli. Di solito non trova da ridire su come mi comporto, ma in questi giorni vedo che mi guarda con aria sempre più perplessa.

Deve aver detto qualcosa a sua mamma Ilaria (io **le voglio così bene** che a volte mi sbaglio e la chiamo mamma anch'io), perché quando vado a casa sua mi scruta in maniera strana. **Uffa!** Quando sei un'adolescente ti guardano un po' tutti come se fossi un fenomeno da baraccone. Ok, possiamo avere le nostre fissazioni, ma anche loro, le grandi, non scherzano: non sono anche loro perennemente a dieta?

Comincia l'ora di matematica

Comincia l'ora di matematica. La professoressa Pandolfi, che è anche la coordinatrice della classe, ha un grande annuncio da fare:
– Bene, ragazzi, la nostra scuola è stata scelta per uno studio sulla crescita e sull'alimentazione degli adolescenti. Verranno presi i dati, l'altezza, il peso e le misure di tutti gli studenti e saranno inseriti in uno studio che sta facendo la facoltà di medicina dell'università. Dovrete rispondere a un questionario sulle vostre abitudini alimentari. In cambio, avremo una serie di lezioni tenute da medici e professori universitari specializzati in **tematiche adolescenziali.**

Proprio così, "tematiche adolescenziali": che cosa vi dicevo prima sul fatto che siamo delle specie di animali da circo? Vabbè, il vantaggio è che baratteremo qualche noiosa ora di scuola con qualche noiosa ora di lezioni fatte da esterni; ma perlomeno non potranno interrogarci o farci fare delle verifiche. La Pandolfi continua a parlare con inesauribile entusiasmo.

– ...inizieremo mercoledì, con una lezione della professoressa Paola Aranci, che ha scritto un libro proprio su anoressia e bulimia...

Anoressia e bulimia? Ma di che cosa sta parlando?

anoressìa (*MED.*) Mancanza di appetito. Si osserva in concomitanza a diverse malattie (febbre, tumori, malattie gastroenteriche e neurologiche). • **anoressia mentale** Alterazione psichica caratteristica delle adolescenti che si manifesta con rifiuto assoluto del cibo e porta a gravi squilibri metabolici da denutrizione.

bulimìa Disturbo dell'alimentazione caratterizzato da eccessiva sensazione di fame derivante da malattie psichiche od organiche (diabete, ulcera). Si manifesta con il bisogno incontrollabile di ingerire notevoli quantità di cibo, spesso seguito da senso di colpa e vomito autoprovocato.

Definizioni tratte dall'*Enciclopedia Zanichelli 2002*.

Di solito queste cose sono una noia

Di solito queste cose sono una noia insopportabile: le lezioni degli esterni servono più che altro a perfezionare la nostra abilità nel lancio di aeroplanini di carta, nella comunicazione con il telefono senza fili, nell'inventare nuove tag per diari e zaini.

Questa signora, psicologa e docente universitaria, così ce l'ha presentata con un sacco di sussiego la Pandolfi (ma cosa mai vorrà dire sussiego?), è una donna elegante, alta, magra, capelli corti e neri, mani lunghe, voce bassa. Insomma, una specie di garanzia di **sonno letargico** entro i primi tre minuti.

– Buongiorno, ragazzi. Oggi parleremo di alimentazione –. A questo punto tutti stanno già preparando munizioni di carta, temperando matite colorate e iniziando complicati disegnini.

– Per prima cosa, vorrei che guardaste come siete vestiti. Fatto? Che cosa avete visto? Stesse magliette, stessi pantaloni larghi, stesse scarpe da ginnastica con le stringhe slacciate. Sapete perché vi vestite così? Qualcuno mi sa rispondere?

Ci guardiamo intorno. Vero. Indossiamo vestiti assolutamente uguali, come una specie di divisa: magliettone, scarpe da ginnastica di dimensioni **superextralarge,** pantaloni a vita bassa. Ma questo che cavolo c'entra con l'alimentazione?

Come se avesse sentito i nostri pensieri, quella specie di strana **Mary Poppins moderna** interviene: – Vi chiederete che cosa c'entrino magliette e scarpe con il cibo, l'alimentazione e i problemi alimentari... Bene, innanzitutto comincio a spiegarvi perché vi vestite così. Poi sarete liberissimi di continuare a farlo, ma almeno saprete perché. In America, nei quartieri più poveri, i ragazzi di colore si fanno un vanto di essere stati in prigione. Quelli che per qualche motivo finiscono nelle maglie della giustizia diventano automaticamente dei capobanda. Nei riformatori, ai ragazzi vengono tolte le cinture e le stringhe, così i pantaloni scendono bassi e le scarpe sono senza lacci. Quando escono, questi ragazzi continuano a tenere i pantaloni bassi e le scarpe slacciate per ricordare quello che hanno passato. Per dimostrare che sono dei duri, dei capi, e che hanno già subito un importante rito di passaggio. Ma anche i ragazzi che non hanno fatto quell'esperienza, peraltro nemmeno troppo invidiabile, vogliono far vedere che sono dei duri: e girano anche loro con le scarpe aperte e i pantaloni giù. Sapevate da dove venivano i vostri jeans a vita bassa e le vostre scarpe senza lacci?

Ci guardiamo l'un l'altro senza rispondere. Siamo allibiti, e ci sentiamo anche un po' allocchi.

Intanto, implacabile, Mary Paola Poppins continua a parlare...

– Ora, indossare le stesse cose è come adottare una divisa. E se adottate una divisa vi è più facile sentirvi **parte del gruppo.** Ma è sempre così? Succede automaticamente? E poi, non è facile passare dal volere il vestito uguale a quello di un altro a volere il corpo uguale a quello di un altro, magari di un vostro idolo, di una cantante o di un attore? Potete scolpirlo con la palestra o assottigliarlo con una dieta, ma il corpo rimarrà sempre il vostro. Quello che è importante, ma che alla vostra età è veramente molto difficile, è non lasciarsi assorbire completamente da un interesse solo, da una sola attività, da una mania: dieta, ginnastica, sport. Provate a **cambiare pelle:** non è difficile e può essere anche divertente. In fin dei conti non è già così? A casa vi comportate da figli, a scuola da studenti, ai concerti da fan, allo stadio da tifosi. Siete tutte queste cose insieme.

Non vorrei annoiarvi con tanti discorsi. Vorrei solo ricordare, soprattutto alle ragazzine, cinque cose:

1. che il corpo, il vostro corpo, che sta cambiando così rapidamente, ha una sua sapienza. L'organismo umano ha equilibri delicati e raffinati, non è così casuale come si può pensare. Vi invito alla pazienza e a vivere questo periodo come una fase transitoria, il momento in cui vi state trasformando in qualcos'altro.

2. se vi sentite troppo infelici per il vostro

aspetto, chiedete ai vostri genitori di portarvi da un dietologo, da un professionista serio.

3. mangiate poco di tutto e piuttosto che fare strane diete e ingurgitare solo yogurt o insalate, cercate di mangiare piccole quantità di tutti i cibi.

4. con le diete strane a volte si perde peso, ma solo perché ci si disidrata. E il peso perso si riprende in poche ore.

5. infine, cercate di essere diverse persone in una: mangiate un po' di tutto, fate un po' di tutto, siate curiosi. Cercate di aiutare i vostri amici e i vostri compagni. Farsi assorbire da una sola cosa è sempre un sintomo di malessere. Allo stesso modo, ascoltate i vostri genitori, ma anche altre voci: i genitori dei compagni, i nonni, gli zii, gli insegnanti.

Ci vediamo la prossima settimana. Per allora vi prego di preparare delle domande: le scriverete su bigliettini anonimi, così potrete chiedere liberamente qualunque cosa, senza sentirvi in imbarazzo.

Più che in imbarazzo a dire il vero **eravamo senza parole.** Per ora. Vedremo la prossima settimana.

La parola d'ordine è dieta

La parola d'ordine è dieta. Anche se Ellie mi ha abbandonato, ed è la prima volta nella storia della nostra amicizia, io sono ben decisa a continuare. Certo, la psicologa ha ragione, ma io sono grassa **GRASSA** e tutte le mie amiche sono molto più magre di me. Tranne Elisa, ovviamente.

Agnese mi ha chiesto se sabato mattina vado a correre con lei. Poi possiamo studiare a casa sua e andare a cena da sua nonna. Ho accettato.

La mattina di sabato una nebbiolina fredda si insinua nelle ossa, ma mi infilo sopra la tuta un gilet termico, uno dei tanti omaggi della mamma, e raggiungo Agnese alla fermata dell'autobus. Scopro con stupore totale che **lei sta già correndo** da mezz'ora.

– Per riscaldarmi – dice.

Ci avviamo a passo di marcia verso i giardini che tagliano in due un grande viale. Lì c'è una pista ciclabile mai utilizzata, comodissima per correre. Dalla nebbia sbucano i padroni dei cani, mattutini come i loro animali.

– Da piccola ho sempre desiderato un cane, ma solo da due anni i miei hanno ceduto – racconto ad Agnese.

– Anch'io ne avrei voluto uno – mi confida lei, ma noi siamo sempre stati in giro per il mondo, abbiamo cambiato una casa all'anno, e traslocare è sempre un trauma per un cane o un gatto.

Corriamo un po' in silenzio, ognuna persa dietro ai suoi pensieri. Certo non deve essere stato bello cambiare casa, scuola, amicizie così spesso. Forse nel suo ingozzarsi c'era anche tanta solitudine, tanta tristezza. Non è che ora Agnese mi sembri più **felice...** ma accidenti quanto è dimagrita!

I pantaloni della tuta le scendono dritti attorno alle gambe che sembrano due stecchini. E corre, corre come se non facesse nessuna fatica. Io, dopo un quarto d'ora, sono già distrutta.

Lei mi prende un po' in giro; poi, quando vede che faccio sul serio, mi dice di avviarmi verso casa sua con l'autobus, che lei mi raggiunge di corsa. Sono distrutta, e non ho altra scelta che acconsentire. Tanto l'autobus, tra semafori e fermate, non arriverà certo prima di lei...

Infatti aspetto solo tre minuti

Infatti aspetto solo tre minuti sotto il suo portone, prima di vederla arrivare. Il portiere le lancia uno sguardo strano. Saliamo in casa, beviamo un bicchiere d'acqua (di fare merenda **non se ne parla** neanche) e Agnese propone di fare una doccia.

– Falla prima tu che ti sei stancata di più – le dico, ma lei si mette a ridere.

Non capisco il motivo finché non entro nel bagno dei suoi genitori: una grandissima stanza tutta bianca con due lavandini, un'enorme vasca da bagno di marmo bianco e... un angolo con una grande vasca rettangolare

e due enormi docce che pendono dal soffitto.

Divertita dalla mia faccia strabiliata, Agnese mi spiega: – Abbiamo fatto ristrutturare l'appartamento a un architetto dalle idee piuttosto originali. Figurati che quando abbiamo dato una festa per l'inaugurazione della casa ha fatto riempire la vasca di ghiaccio, ci ha immerso le bottiglie di champagne, e poi ha accompagnato tutti gli ospiti in quella che aveva battezzato la *Bubble Room*, la stanza delle **bollicine!**

Mentre finisce di raccontare, Agnese apre le due docce e si sfila il maglione. Io rimango lì un po' stranita, non sono abituata a spogliarmi con qualcun altro; ma il mio stupore aumenta sempre più mentre Agnese si sveste. **Accidenti come è magra!** Le gambe sono due stecchetti, le sue cosce sono grandi come il mio avambraccio; non ha quasi più ciccia sul sedere, braccia magrissime e la pancia incavata. Non posso certo farmi vedere con tutti i miei bei ricicci dappertutto! Bofonchio una scusa e le dico che la aspetto in camera sua. Arriva poco dopo, i capelli gocciolanti (ma la bella coda che aveva si è ridotta a un pugno di riccioli stopposi) avvolta in un sontuoso accappatoio, di quelli che stanno bene solo alle dive dei film e a chi pesa meno di trenta chili.

– Mi cambio in un attimo – dice. – Poi studiamo.

Ma quando ci mettiamo a guardare le frasi di latino, Agnese si fa sempre più distratta, si tormenta i capelli con la mano, si sfrega gli occhi, si alza a prendere un bicchiere d'acqua. Io sono sempre più **affamata.** Continuo a guardare l'orologio dello stereo nella speranza che i minuti passino più in fretta.

Verso mezzogiorno chiudiamo i libri e ci avviamo verso casa di sua nonna (e mia).

Quando arriviamo, l'ingresso è invaso da un profumino di torta al cioccolato.

– La nonna è un'ottima cuoca – dice Agnese con un sospiro. – Vedrai!

Nonna Elide ci viene incontro: sembra proprio uscita da un racconto delle fiabe, sorridente, in ordine, con un grande grembiule bianco bordato di pizzo.

– Altri tempi, ragazze – dice quando vede il mio sguardo posarsi sul suo grembiule. – Quando ero giovane io, una ragazza non veniva considerata tale se non aveva ricamato almeno qualche chilometro di tela bianca. Non importava che fossero lenzuola, tovaglie o grembiuli: l'importante era imparare. Anche se, a dire la verità, io ne sono rimasta talmente nauseata che non ho più preso in mano un ago se non per attaccare un bottone in caso di assoluta necessità! Comunque voi siete fortunate, ragazze mie: potete leggere, andare al cinema, vedere tante cose, **viaggiare** o, come dite voi, navigare in Internet. Eh sì, è un mondo tutto diverso il vostro!

La dimostrazione di quello che ha appena finito di dire è la tavola: solo per noi tre ha apparecchiato con delle tovagliette ricamate (si vede che erano una parte dei chilometri di ricamo obbligatorio), le posate d'argento, i piatti belli.

– Non c'è il nonno? – chiede Agnese.

– No, è andato in centro con un suo amico piemontese che è venuto a Milano. Starà fuori fino a stasera. Ma non è meglio? Così stiamo fra ragazze, no?

Ride mentre va in cucina a prendere una grossa teglia che appoggia sul tavolo. Mmmm, pasta al forno fatta in casa! Nemmeno nei suoi attacchi di casalinghitudine mia mamma si arrischia a tanto! Credo che sospenderò la dieta per un giorno. Anche perché nonna Elide ha appoggiato sul tavolo, avvolta in un tovagliolo candido, una focaccia appena sfornata, luccicante di olio, con grossi grani di sale che sembrano dei brillanti. Vabbè, quando sono affamata divento quasi poetica come Ellie!

Ci sediamo, dopo i convenevoli del caso. Assaggio la pasta al forno: **è un sogno!** La pasta morbida, la besciamella dolcissima, i grossi pezzi di carne del sugo... Non resisto e faccio il bis. Ma è solo dopo il secondo piatto e una fetta di torta al cioccolato, sazia come un'oca all'ingrasso, che mi rendo conto che Agnese non ha mangiato quasi nulla. Semplicemente ha continuato a tormentare con la forchetta la pasta nel piatto, tagliandola in tanti bocconcini che ha messo prima sui bordi e che poi ha ammucchiato al centro. Stesso trattamento è stato riservato alla torta, di cui non ha assaggiato che qualche briciola. Dallo sguardo che la nonna Elide lancia al suo piatto mi rendo conto che la sceneggiata pasticciosa non l'ha per nulla ingannata.

Né la consolano i miei complimenti. La lasciamo per andare a navigare in Internet sul mio computer: ho promesso ad Agnese di farle conoscere alcune chat dove ci troviamo con le mie amiche (e qualche amico...).

Nell'appartamento accanto

Nell'appartamento accanto è il solito caos. I miei fratelli hanno messo nel videoregistratore la cassetta del *Re Leone*, ma l'hanno vista talmente tante volte che il nastro è rovinato e sembra in bianco e nero. In compenso il sonoro, che è al massimo, non pare aver subito alcun danno. *Akuna Matata* risuona per tutta la casa. Ci isoliamo nel mio rifugio e da lì, con il telefono cordless (la migliore invenzione del secolo dopo il walkman!) chiamiamo Ellie e Tati per vedere se vogliono raggiungerci. Intanto mostro ad Agnese le mie chat preferite. Picchiettando sui tasti si chiacchiera, si litiga, **ci si confida** senza alcun problema. Chissà come avranno fatto le nostre mamme e le nostre nonne, senza computer, senza telefono...

Ellie arriva dopo un'oretta, con calma assoluta: quella di non perdere la calma è una delle sue prerogative. Tranne quando deve affrontare un'interrogazione o un compito in classe: allora sclera completamente, si agita, cerca di ripassare a ogni costo. Una volta stavamo andando in centro insieme, era già salita sul tram, quando è scesa di corsa dicendo "Devo ripassare latino!".

Mah! Una cosa è certa: siccome a scuola è brava quanto me (anche se studia un sacco di più), con lei non ho il dubbio che si finga mia amica per farsi aiutare, cosa che invece mi capita con tante altre mie compagne di scuola. E che si fingano mie amiche è una cosa che mi dà molto fastidio. Ellie e Agnese si guardano un po' **sospettose,** come due cagnolini che si fiutano. Ora, è vero che Agnese è magrissima, ma la mamma di Ellie deve averle fatto un gran bel lavaggio del cervello: la mia amica, infatti, guarda Agnese come se dovesse prendere degli appunti per prepararsi alla lezione di Paoletta Poppins. O come se stesse guardando uno strano animale da laboratorio. Cerco di distrarle mettendo della musica, ma con scarsi risultati. Può anche essere un po' gelosa, ma Ellie potrebbe comportarsi in maniera più civile! Si vede che anche Agnese se ne accorge, perché dopo un po' dice: – Devo andare. Voglio passare in palestra prima di cena.

La accompagno alla porta, cerco di salutarla superando il livello del suono di *Akuna Matata*, e la guardo precipitarsi giù dalle scale. Stamattina ha corso, oggi non ha mangiato niente: **come farà?**

– Ma l'hai guardata? – mi assale Ellie non appena la raggiungo nella mia stanza.

– Sì, e allora?

Fingo un'indifferenza che non sento di provare, ma mi rendo conto di non essere molto convincente...

– È diventata uno zombie! Non vorrai finire come lei, a furia di correre e di non mangiare!?

– Apprezzo la tua preoccupazione, ma è un rischio che non corro: oggi, da sua nonna, mi sono sbafata due piatti di lasagne...

– E per fortuna! Ha proprio ragione la mamma: meglio avere un po' di ciccia, che ridursi in quello stato.

E l'ineffabile Ellie chiude il discorso raccogliendo con le mani la sua massa di capelli lucidissimi e fermandoli in testa con una matita. Ora, la cosa che mi fa arrabbiare è che a lei quella manovra riesce facilissima, ma se ci provo con i miei capelli, la matita cade entro i primi trentadue secondi. Ormai Ellie è scatenata: – Sai che ieri la mamma di Agnese ha chiamato la mia?

Acc! Guai in vista, se le mamme si telefonano...

– Come mai?

– Perché dice che è molto preoccupata per sua figlia. L'ha già portata da una psicologa, ma non riesce a ottenere alcun risultato. Adesso ha fissato un appuntamento con uno specialista in anoressia.

– Ah, ma è l'argomento del momento, evidentemente! E poi, quante storie, Agnese sta solo facendo una dieta ed è dimagrita tantissimo. Cosa che non riesce a qualcun altro di mia conoscenza...

Ma mentre lo dico mi rendo conto che non ci credo nemmeno io fino in fondo. Mi torna in mente l'immagine di Agnese che si prepara ad andare sotto la doccia: quella non era una ragazza in forma, era una ragazza troppo magra. Mi sorprendo quasi a pensare ad alta voce: – Quello che non riesco a capire è come si faccia a sopravvivere mangiando così poco e facendo così tanta ginnastica.

– Ecco! – dice Ellie, che sembra presa da uno dei suoi attacchi di **professoressite.** – Il problema è che non sempre si sopravvive. Lo sai che un sacco di ragazze si ammalano di anoressia e non riescono a guarire? Oppure ci sono quelle che **mangiano, mangiano** e dopo vanno in bagno a vomitare tutto per poi ricominciare a mangiare?

– Ma da quando sei diventata un'esperta?

– Hai poco da prendermi in giro: siccome non mi andava di fare un'altra volta la figura da ignorante che abbiamo fatto ieri con quella Paola Vattelapesca, sono andata all'archivio dove lavora la mamma e ho fatto una ricerca. Mentre tu correvi con la tua amica Agnese, ho scoperto un sacco di cose. Lo sai che fra le ragazze tra i 14 e i 24 anni, su 100.000, 7 soffrono di anoressia e 12 di bulimia? Che almeno

300.000 persone soffrono di disturbi alimentari? E che a Bologna c'è un ospedale specializzato dove aiutano le malate a imparare a mangiare di nuovo? E che 11 chicchi di riso vengono considerati il primo traguardo verso la guarigione? 11 chicchi di riso! Prova a parlarne con la tua amica Agnese e i suoi segreti per dimagrire! Sono i segreti per finire dritti dritti in ospedale!

– Non sarai per caso gelosa...

Ma Ellie è troppo presa dal suo ruolo per lasciarsi prendere in giro come al solito.

– Non sono **gelosa,** cara mia, sono solo **preoccupata!** E lo è anche tua mamma se è per questo!

Accidenti, avrei dovuto immaginarlo! Ellie ha parlato con sua mamma, sua mamma con la mia, e l'intervento della mamma di Agnese ha prodotto un vero e proprio corto circuito di preoccupazione.

Certo che la mamma di Agnese di ragioni per preoccuparsi ne ha da vendere...

La conferma, il mattino dopo

La conferma, il mattino dopo: Agnese non è venuta a scuola. Non è stata bene, ci dicono le sue compagne, ma nessuna sa i particolari.

Mi trascino attraverso le lezioni, ma non vedo l'ora di andarmene. Quando finalmente arrivo a casa, ancora prima di sedermi a mangiare e nonostante le proteste della mamma, mi attacco al telefono per chiamare Agnese.

– Buongiorno Clara – mi risponde sua mamma. – Agnese non c'è. È fuori a correre.

– Ma se stamattina non stava bene, non è nemmeno venuta a scuola…

– Ora sta meglio…

Ma nella sua voce mi è sembrato di sentire come un singhiozzo. O forse era un disturbo della linea telefonica.

Mangio qualcosa di corsa ignorando di nuovo le proteste della mamma e vado a suonare il campanello di nonna Elide.

– Che piacere, Clara, entra...

– Volevo avere notizie di Agnese.

La nonna mi guida in un corridoio e mi fa sedere in un salottino arredato con mobili antiquati. Chiude accuratamente la porta prima di dire:
– Avrai capito da sola che Agnese non sta bene. Siamo tutti molto preoccupati... Speravamo che la tua amicizia e quella delle tue compagne le facesse bene. Siete ragazzine assennate – dice proprio così, "assennate" – e credevamo che stare con voi le potesse giovare. La faccenda, purtroppo, non è così semplice...

– Ma i medici che cosa dicono?

– I medici dicono che ci vuole tempo, amore e pazienza. **Tanto tempo, tanto amore e tanta pazienza.** Ma non è facile stare lì a guardare una ragazza in fiore appassire senza poter far niente.

Insieme ai corsi di cucito, nonna Elide deve aver seguito anche qualche strano corso di italiano in puro stile ottocentesco: ma, anche se cerco di fare la dura, so che se lei si mette a piangere mi metterò a piangere anch'io... accidenti alle diete!

Che c'è da guardare?

– Che c'è da guardare?

Quando torna a scuola, la settimana dopo, Agnese sembra più magra e agguerrita che mai.

– Bentornata – le dico in un tentativo di calmarla.

– Ciao – è la non entusiasmante risposta. Ma poi sembra ripensarci. – Vieni a correre con me oggi pomeriggio? Poi passiamo da mia nonna, così faccio un po' di scale...

– Non so se ce la faccio, mi hanno riempita di compiti! Ma se vieni da nonna Elide, dopo passa da me, che ti faccio vedere una videocassetta che ho appena comprato...

– Ok, a più tardi.

Quando Agnese suona il mio campanello sono le cinque.

La porto immediatamente in camera mia,

dove si mette a gironzolare rovistando qua e là tra le mie cose. Io non so che dire: ho paura di fare una mossa sbagliata.

– Hai visto i cerottini per i brufoli? Sono fenomenali, devi provarli...

Lei sta curiosando fra i miei (pochi) trucchi quando lancia un grido.

– Guarda qui! Incredibile... **E poi mi dici che vuoi dimagrire!**

La guardo allibita, poi mi avvicino per cercare di capire che cosa vuol dire. Che cosa può esserci di così pericoloso fra gli ombretti e il correttore?

– Vedi questo? – dice porgendomi uno stick colorato di cui avevo da tempo dimenticato l'esistenza.

– C'è scritto BURRO DI CACAO, **BURRO,** capisci!? Il burro è assolutamente proibito, il burro fa ingrassare!

Ora sono io che la guardo stranita, e forse lo stupore mi dà il coraggio di chiederle: – Ma sei sicura di stare bene?

– Certo, sto benissimo! Non cominciare anche tu a tormentarmi come la mamma, la nonna e il dottore. Io sto benissimo: mangio e faccio sport. Devo solo riuscire a dimagrire un altro po'...

– Ma se sei magrissima! **Guardati allo specchio!**

La porto davanti allo specchio dell'armadio. I fuseaux le pendono da tutte le parti, le braccia che escono dalla maglietta **superlarga** sono talmente piccole che potrei chiuderle fra il pollice e l'indice.

Lei si guarda, mi guarda e corre via dicendo: – Io sto benissimo! Mi avete rotto con tutte le vostre storie di malattia e di cibo. Guardami: sono un'orribile cicciona, devo dimagrire. Solo quando sarò più magra sarò più bella. Per diventare più magra, devo solo fare ginnastica, non devo mangiare. **Non mi merito di mangiare.**

Agnese apre la porta e come al solito si precipita giù dalle scale. Sono sul pianerottolo che cerco di riprendermi, quando la mamma esce dall'ascensore.

– Pulci, che cosa sta succedendo?

Cerco di trattenere i lacrimoni (in fin dei conti sono una dura, io) e scappo nella mia stanza.

Pulci a me! Mannaggia, quand'è che i miei genitori si renderanno conto che ormai sono

cresciuta? Io non ne posso più di tutte queste smancerie! Anche se in realtà mi farebbe piacere avere qualcuno con cui parlare, in questo momento...

Il telefono è lì: chiamo Ellie.

– Ok, avevi ragione tu su Agnese.
Come possiamo fare per aiutarla?

"La scienza" dice sempre la mamma

"La scienza" dice sempre la mamma "è la miglior merce: non paga dazio, non fa dogana, e non te la può togliere nessuno."

Siccome lo ha detto uno scrittore che a lei piace un sacco, Primo Levi, ne ha fatto uno degli slogan della sua vita.

D'altra parte, come vi ho già spiegato, lei di slogan ci vive... (L'altro suo tormentone è: "Non conosco la **ricetta della felicità,** ma conosco quella dell'infelicità:

voler piacere a tutti". Ma di questo è meglio che ne parliamo un'altra volta.)

Insomma, io ed Ellie abbiamo deciso di adottare per l'occasione lo slogan della mia mamma e di presentare alla psicologa, in maniera anonima, le domande che ci interessano riguardo ad Agnese.

Dopo lunghe ore di riflessione siamo arrivate al seguente risultato:

1. si può guarire dall'anoressia?
2. come si può aiutare un malato di anoressia?
3. che problemi ci sono se uno, per non ingrassare, prima mangia e poi vomita?

Quando ci siamo presentate alla lezione con i nostri bei foglietti scritti a mano ci vergognavamo un po'... per fortuna Agnese non è nella nostra classe, se no ci avrebbe scoperto subito!

La psicologa ha aperto tutti i foglietti che avevamo raccolto in un contenitore (un raffinatissimo cesto della carta straccia promosso giusto per l'occasione).

– Se voi siete d'accordo – ha detto – raccoglierei tutte le domande simili in un'unica risposta. Va bene?

Quasi tutti abbiamo annuito con aria indifferente; nessuno voleva farsi scoprire, come se ci fosse qualcosa di male nel chiedere...

– Molti di voi mi domandano se dall'anoressia si può guarire.

I disordini alimentari – ha continuato – sono un grande mistero, quasi **un enigma.** Comunque, sì, di anoressia o di bulimia si può guarire. Non è facile, né per il malato né tanto meno per le persone che gli stanno accanto. È un **percorso faticoso, lungo e difficile.** Problemi fisici e psicologici si intrecciano in maniera drammatica. Ci vuole l'aiuto e il sostegno degli esperti, ma soprattutto tantissimo amore, tantissima disponibilità e tantissimo coraggio.

Qualcuno mi chiede se gli anoressici non mangiano mai. Mangiano, spesso, per interposta persona: cucinano per gli altri, assaggiando solo qualche briciola, guardano i programmi e i libri di cucina, pensano al cibo **ininterrottamente.** A volte, per punirsi, ingurgitano gli avanzi, anche quelli recuperati dalla pattumiera.

L'altro tema che sembra avervi molto colpito è quello della bulimia, che consiste nel mangiare e poi vomitare, considerato da alcuni scriteriati un modo sicuro e indolore per non prendere peso. La bulimia è una forma di disordine alimentare grave quanto l'anoressia e ha conseguenze altrettanto drammatiche. Anche se, a volte, è meno evidente: infatti, spesso le bulimiche non sono così magre come le anoressiche. Ma il ricorso costante al vomito, così come l'uso smodato di lassativi, porta a **conseguenze gravissime** per il fisico: locali (perché gli acidi dello stomaco rovinano l'esofago, le gengive e i denti, insomma ogni parte del corpo con cui vengono in contatto troppo di frequente) e generali (perché portano esattamente alle stesse carenze dell'anoressia).

Infine, molti mi chiedono come si può aiutare una persona che soffre di queste malattie. La cosa più giusta da fare, per chi voglia aiutare un amico o un'amica vittima di un disturbo alimentare, è quella di parlare con la sua famiglia e con il medico che la deve prendere in cura, collaborare con loro per costituire una squadra che possa aiutare il malato in maniera efficace. Ma bisogna anche sapere che si tratta di un percorso lungo, difficile e pericoloso.

Io ed Ellie ci siamo guardate sconfortate.

Certo, almeno ora ne sapevamo di più e avevamo le idee più chiare: ma eravamo anche decisamente più spaventate.

Altro che dieta e dieta per dimagrire, altro che sogni di corpi da indossatrici! Qui la faccenda era **pericolosa,** e c'era il rischio concreto di giocarsi la pelle.

Nemmeno la **lucina** di *Te l'avevo detto io*, che sbarluccicava negli occhi di Ellie riusciva a distrarmi dalla preoccupazione per Agnese. Che, come abbiamo scoperto nell'intervallo, non era venuta a scuola nemmeno oggi.

Oggi si vola!

Oggi si vola! No... non mi sono trasformata in un aquilone! Semplicemente la mamma deve andare a Parigi, a Eurodisney, per uno spot pubblicitario sulle attrazioni natalizie, e ha avuto la grandiosa idea di portarmi con sé. Beh, ufficialmente poteva portare solo una persona. Mio padre era fuori discussione (in un parco di divertimenti sarebbe a suo agio come un pesce in bicicletta) e portare una sola delle due piccole pesti avrebbe scatenato una vera e propria rivoluzione. Così, **zitte zitte quatte quatte,** ce ne siamo partite noi due con un meraviglioso volo diretto a Parigi. Neanche a dirlo, la mamma, appena entrata nel parco, con l'esile scusa del freddo alle orecchie si è immediatamente comprata un cappello.

Niente di male, direte voi.

Sì, ma il cappello era grandissimo, di panno verde scuro a forma di albero di Natale, e aveva appesi a mo' di palline i personaggi di Disney: insomma, ad andare in giro al suo fianco c'era da vergognarsi! Ballava a ogni parata, abbracciava ogni pupazzo che le capitava a tiro e mi ha persino costretto a fare un giro sulle tazze di Alice nel **Paese delle Meraviglie...** per fortuna non ci conosceva nessuno!

Ma i muffin giganti e i *pain au chocolat* innaffiati con la cioccolata calda mi hanno ricompensato di tutto: e poi, lo confesso, anche se erano solo le prove generali di fine ottobre, l'accensione dell'albero di Natale è un momento assolutamente magico!

In compenso la mamma mi ha accompagnato, urlando a squarciagola, sulle montagne russe, e non ci siamo fatte mancare nulla fra case dei fantasmi, voli spaziali, giri sopra Londra in compagnia di Peter Pan...

Insomma, abbiamo passato due giorni, noi due sole, all'insegna del **puro divertimento.** E la sera, tornando verso l'albergo e costeggiando il lago illuminato dal faro, ho capitolato miseramente: non sono riuscita a trattenermi e le ho raccontato di Agnese, del mio maldestro tentativo di dieta totale, delle mie paure e preoccupazioni.

Beh, ora, come **mamma-mamma** non sarà un gran che, ma quando si tratta di fare dei discorsi da grande, non c'è che dire... la mamma non si tira indietro.

La mattina dopo, in pieno Far West

La mattina dopo, in pieno Far West fra una miniera e un canyon assolato (curioso, a due passi dagli alberi di Natale coperti di neve!), un emporio che vende stoviglie di latta e cappelli da cowboy e il battello a vapore carico di turisti che attraversa il lago, ci dividiamo per un po'. La mamma deve partecipare a una riunione e io mi scateno con il figlio quattordicenne di un suo collega, che ho subito soprannominato "natura morta", perché non mostra alcun interesse per la conversazione. Fortunatamente è molto interessato a ogni genere di attrazione **ultraveloce:** razzi spaziali, ottovolanti eccetera.

Mi ritrovo con la mamma in un ristorante buffissimo, in cui camerieri vestiti da pistoleri servono carne alla brace, pannocchie e fagioli. L'argomento non è fra i più indovinati, davanti a uno spiedino gigante e a una patata extralarge ricoperta da una **succolenta** crema di burro.

– Tu cosa pensi delle diete? – chiedo con aria noncurante.

– Penso che alla vostra età possono essere pericolose. Il vostro organismo ha bisogno di tutto: verdura, frutta, carne e carboidrati.

– Ma perché voi grandi siete sempre a dieta e quando la facciamo noi trovate da ridire?

– Ok, hai ragione. Ma con la vita sedentaria che facciamo (sempre seduti in ufficio senza muoverci mai) consumiamo pochissime calorie. Quindi, bisogna stare attenti a quello che si mangia. Ma da adulti, però; per voi è un'altra cosa.

Dopo due ore di shopping selvaggio (abbiamo comprato tutti i regali di Natale) ci avviamo verso l'aeroporto.

Che magia un viaggio di Natale con due mesi di anticipo! Questa è una delle cose buone del lavoro della mamma.

Il rientro, però, è durissimo.

Elisa mi chiama per dirmi che Agnese è stata ricoverata in ospedale.

Che razza di idea

Che razza di idea quella di accompagnare nonna Elide a trovare Agnese!

Ora... dovete sapere che io odio gli ospedali, odio l'odore di disinfettante, odio le camere troppo calde, odio vedere la gente in pigiama che gira per i corridoi... e allora **che cosa ci faccio qui?!**

È che nonna Elide mi ha fatto talmente pena, che non sono riuscita a dirle di no. Per questo stiamo attraversando l'ingresso di questo enorme ospedale, che più che un ospedale sembra un paese.

Di fianco al pronto soccorso, dove tutti sembrano muoversi a **velocità accelerata,** ci sono varie strade che portano ai diversi reparti, con tanto di cartelli indicatori. Da una parte c'è la costruzione di quello che doveva essere l'ospedale vecchio, un buffo palazzo con le finestre a bifora (quelle con due punte, per intenderci, le abbiamo studiate in arte l'anno scorso), dall'altra una chiesetta che sembra quella di un presepe, una specie di cattedrale in miniatura. Camminiamo fino a raggiungere il padiglione in cui è ricoverata Agnese. Saliamo all'ultimo piano per entrare nel reparto. Ci investe subito una fortissima puzza di colla: stanno cambiando il linoleum del pavimento perché c'è stata una perdita d'acqua dai tubi, ci spiega un'infermiera. Saltiamo pozzanghere di cemento fresco e passiamo davanti a un salottino dove una decina di ragazze, anzi, una decina di ombre che una volta dovevano essere ragazze, sembrano discutere con una donna in camice. I vetri del salottino sembrano le pareti di un acquario. Dentro, **sirene fuor d'acqua,** attirate da un canto cattivo che solo loro riescono a sentire.

Camminiamo nel corridoio fino alla stanza numero 16: una bella camera grande, con un finestrone affacciato su due pini altissimi appena mossi dal vento.

Agnese è a letto, e dalle coperte spuntano solo la testa e le mani. Sta raggomitolata come un coniglietto.

Un respiro da uccellino, corto e leggero, muove il piumone colorato.

Sembra non accorgersi della nostra presenza; ci avviciniamo silenziose e la nonna la chiama in un sussurro.

Lei si volta lentamente, molto lentamente, verso di noi e accenna un sorriso.

Ha il viso bianco come la cera, i capelli radi, gli occhi infossati. Muove le mani trasparenti come delle farfalle, in una specie di benvenuto affettuoso ma distante.

– Come stai?

– Bene – sussurra. – Come stanno le altre?

– Bene! Ellie ha un nuovo fidanzato, Jessi andrà un mese in America dai suoi cugini e Tati è sempre più presa, con la sorellina che sta cominciando a mangiare le pappe... In casa sua c'è sempre un odore fortissimo di minestrone per via dei suoi passati di verdura!

Agnese sorride, ma sembra lontana mille anni luce da quello che le sto dicendo.

– Le ragazze ti aspettano: quando ti decidi a tornare a casa?

Ma mentre parlo mi accorgo che i suoi occhi non cercano più i miei.

Nonna Elide, intanto, si è seduta silenziosamente sulla sedia vicino alla finestra; grosse lacrime scendono sul suo viso una dopo l'altra.

Io racconto, **a voce un po' troppo alta,** della scuola, dei compiti in classe, dei pettegolezzi.

Ma dopo un po' mi mancano il fiato e il coraggio.

Stiamo lì tutte e tre, in silenzio, fino a che Agnese si rigira nel letto e dice: – Ho freddo.

La nonna si alza, prende una coperta dal letto vicino e la distende sul suo.

– Ho freddo. Sono stanca.

Nonna Elide passa la mano sulla fronte di Agnese, le scosta i capelli, le accarezza le sopracciglia. Poi la bacia sulla fronte e le rimbocca un'ultima volta le coperte.

Fuori dalla finestra i pini scuri agitano i grossi rami, come tanti giganti buoni che scuotono la testa in segno di disapprovazione.

Nonna Elide viene verso di me, mi prende la mano e mi accompagna a ritroso lungo il corridoio, fuori dall'edificio, fuori dall'ospedale.

Si sta facendo buio: d'improvviso si accendono le luci dei lampioni. Il suo viso è grigio, ma lei cammina dritta, **elegante nel suo soprabito e rigida nel suo dolore.** Prendiamo un taxi e durante tutto il tragitto restiamo in silenzio. Non trovo le parole. Quando scendiamo dall'ascensore mi abbraccia e appoggia la mia testa vicino alla sua spalla: – Mi serve, sai – mi dice – più per consolare me che te.

La saluto, aspetto che chiuda la porta e rientro in casa. Strano: invece delle solite sigle di cartoni animati si sente la musica dolce di un cantautore italiano:

Sempre per sempre
dalla tua parte...

Che cosa ci fa la mamma a casa prima delle sette? Qualunque sia la risposta non importa: mi viene incontro, mi scruta.

Ma per poco. Prima ancora di rendermene

conto **sono fra le sue braccia,** sento il suo profumo, il battito del suo cuore.

So cosa significa quell'abbraccio: qualunque cosa accada, io sono qui.

Sempre per sempre
dalla tua parte
mi troverai...

Vabbè, forse mi sono lasciata trascinare

Vabbè, forse mi sono lasciata trascinare dai sentimenti... ma ci sono volte in cui è proprio il caso di non fare la dura.

In fin dei conti anche nonna Elide non ha dodici anni, eppure ha cercato lo stesso un abbraccio.

Non è una cosa facile da imparare, ma quando si è in difficoltà si deve sempre accettare tutto l'aiuto possibile, da qualunque parte venga.

Forse crescere è anche questo.

Imparare a chiedere aiuto, ad accettarlo se se ne ha bisogno.

Ma voi volete sapere di Agnese?

Volete sapere come è finita?

Beh, non è proprio finita del tutto...

In questi casi, come ci ha spiegato **Mary**

Paoletta Poppins, non è mai finita del tutto. Anche perché, se si arriva a quel punto, a farsi così male e a volersi così male, sotto sotto ci sono delle ferite profonde. E certe ferite impiegano tempo, tanto tempo a guarire.

Però un mattino Agnese ha sorriso.

Un sorriso inatteso, che è stato come una carezza per i suoi genitori e per sua nonna.

Un sorriso che voleva dire: "Ok, sono qui con voi. Insieme, se mi aiutate, ce la possiamo fare".

E poi, avete mai visto dei genitori contenti per un brutto voto?

Beh, Agnese ha sempre avuto delle belle pagelle, anzi bellissime: non prendeva mai meno di otto o nove. Dopo essere tornata dall'ospedale piano piano si è rimessa a studiare, e tutte le compagne hanno fatto a turno per aiutarla e farla recuperare.

Un giorno, quando è tornata a casa con un cinque lo ha fatto vedere ai suoi dicendo: – Beh, volete vedere che sto guarendo?

E ci potete credere?

I suoi si sono messi a ridere, a ridere, a ridere fino ad avere i lacrimoni.

I suoi si sono messi a ridere, a ridere, a ridere fino ad avere i lacrimoni.

La camera di Clara

1. Orsetto Pino - 2. Gabbiano che muove le ali - 3. Lampada comprata in fiera - 4. Limone della mamma - 5. Cuscini presi da Fiorucci - 6. Testi di canzoni e ritagli di riviste - 7. La migliore invenzione del secolo - 8. Terrazzo, il paradiso della mamma

9. Computer per chattare - 10. Diario tutto pasticciato - 11. Matite colorate - 12. Ciglio il coniglio che salta - 13. Musica a tutto volume - 14. Calzettone a pois - 15. Ciabattine relax - 16. Foto del mare - 17. Lettera iniziata e mai finita - 18. Cd

Test: scopri a quale superamica assomigli di più!

1

Il tuo dolce preferito è:

a. la torta di mele ■
b. la cheesecake ▲
c. i muffin ★
d. tutti ●

2

Il tuo capo di abbigliamento preferito è:

a. un paio di jeans ■
b. una tuta ▲
c. una gonna ★
d. un paio di fuseaux ●

3

Il tuo colore preferito è:

a. l'azzurro ■
b. il blu ▲
c. il rosa ★
d. il giallo ●

4

La tua acconciatura preferita è:

a. capelli lisci ■
b. capelli ricci ▲
c. capelli raccolti con una penna ★
d. coda di cavallo ●

5

Il tuo personaggio dei cartoni preferito è:

a. Archimede Pitagorico ■
b. Topolino ▲
c. Winnie Pooh ★
d. Peter Pan ●

6

Il tuo animale preferito è:

a. il cane ■
b. il ghepardo ▲

c. la farfalla ★
d. il gatto ●

7

Nel tuo zaino non manca mai:

a. il walkman ■
b. una bottiglietta d'acqua ▲
c. uno specchio ★
d. un peluche ●

Ecco i risultati!

Se hai una maggioranza di ■■■:
sei intelligente, curiosa e brillante. Il tuo motto è: "meglio stare zitti e dare l'impressione di essere sciocchi piuttosto che parlare e togliere ogni dubbio".
Il personaggio a cui assomigli di più è **CLARA.**

Sei hai una maggioranza di ▲▲▲:
non ti fermi mai, non ti accontenti mai. Il tuo

motto è: "siamo cittadini del mondo". Se vuoi una cosa, la ottieni, ma sempre con gentilezza e con un sorriso.
Il personaggio a cui assomigli di più è **JESSICA.**

Se hai una maggioranza di ★★★:
la moda è la tua passione, affascinare il tuo hobby, il colpo di fulmine il tuo passatempo preferito. Il tuo motto è: "fate largo, sto arrivando!".
Il personaggio a cui assomigli di più è **ELISA.**

Se hai una maggioranza di ●●●:
sei dolce come uno zucchero, buona come il pane. Il tuo motto è: "un mondo diverso è possibile".
Il personaggio a cui assomigli di più è **TATIANA.**

Se ottieni parità tra due simboli, leggi entrambi i profili. (Per esempio, se ottieni due ■ e due ★, sarai un po' Clara e un po' Ellie.)
Se invece ottieni parità tra tre simboli... non assomigli a una superamica in particolare, ma un po' a tutte!

Indice

SUPERamiche del ♥

Elisa
detta Ellie,
Jessica detta Jessi,
Tatiana detta Tati e
Clara... detta solo Clara,
vivono a Milano, sono
compagne di classe e
amiche inseparabili.
Quando sono insieme
litigano, piangono,
ridono, ma soprattutto
non si annoiano
MAI!

1. Che guaio la dieta!

Dopo le vacanze Agnese sembra un'altra:
ha una forma invidiabile... ma starà davvero bene?

2. Vigilia di festa

Orrore! Mancano meno di 48 ore alla festa
di Halloween e non abbiamo niente da metterci...

3. Settimana bianca e blu

È festa: Ellie scia tutto il giorno, Jessi si abbrustolisce
ai Caraibi e io e Tati... ci annoiamo e basta!

4. Che fare da grande?

Maria Antonietta, la nuova compagna di classe,
è insopportabile. Eppure alle altre piace così tanto...

Chi è Elena Mora?

Elena a quattro anni

Potete non crederci, ma quando sono nata io la televisione... non c'era! Nelle case non c'era il telefono, e nemmeno la lavatrice. I cellulari non esistevano nemmeno nei racconti di fantascienza. I computer li aveva, forse, la Nasa per spedire i razzi nello spazio. In compenso c'erano tante cose meravigliose: una delle mie nonne aveva una fattoria, e le sere d'estate, quando stavo da lei, prendevo delle lucciole che mettevo in un bicchiere capovolto sul mio comodino. Mi addormentavo con il loro luccicare d'argento. C'era un cane, uguale uguale a Lassie, le mucche, il cavallo, le caprette. C'erano i prati per correre, i fossi per bagnare i piedi, i gelsi con le more. A scuola noi ragazzine seguivamo lezioni di "economia domestica": come si cucina, come si fa un orlo, come si attacca un bottone... Io ero la prima nipote di una grande, grandissima (nel senso di numerosa) famiglia: quindi non solo ero coccolatissima da tutti, e come potete vedere dalla foto mi davo delle arie da piccola diva, ma ero anche un po' il capobanda di un folto gruppo di cuginetti. Per un periodo, mio papà ha lavorato in una biblioteca: quando mi ha portato con sé, a leggere, nel silenzio solenne di un antico palazzo, ho scoperto i libri. Un mondo ancora più fantastico di quello reale, dove potevo viaggiare nel tempo e nello spazio. Un mondo che non ho più potuto né voluto lasciare: anche oggi leggo almeno tre libri per volta, facendo una gran confusione, ma divertendomi moltissimo. Per lavoro mi devo occupare di televisione - sono giornalista in un importante settimanale di tivù - ma tra un programma e un buon libro non ho alcuna esitazione. E consiglio vivamente a tutti, grandi e piccoli, di fare lo stesso. Le parole scritte, i caratteri di piombo, sono quasi più magici della luce d'argento delle lucciole.

Elena Mora

Elena Mora

Chi è Sara Not?

Sara Not ha ben trent'anni però disegna ancora come una bambina (e solo quando ne ha voglia). Va e viene tra Milano e Trieste e non si sa mai dov'è. Il fatto è che si fa trasportare dalla bora, vento capriccioso e freddino del nord est, anche se fa credere a tutti di viaggiare in treno. Da due anni vive con Sissi, amica fedele, chiamata anche Mocio Vileda o Patata, una cagnolina pelosa dallo sguardo dolcissimo (se si riesce a scovarne gli occhi sotto il ciuffo). Insieme inventano, disegnano, colorano, ma è Sissi che fa il grosso del lavoro... E c'è qualcuno che dice che si vede! Ma sono malelingue.

Sara a quattro anni, con la sorellina Elisa

Quando il loro mirabolante computer Mac Pino va in tilt, inforcano la vecchia bicicletta verde e sfrecciano verso il parco.

Da secoli Sissi tenta di insegnare a Sara ad andare

senza mani, ma è un caso senza speranza. Durante queste spericolate evoluzioni ciclistiche, la coraggiosa cagnolina, affacciata al manubrio dal suo cestino, lancia appelli disperati ai passanti. Bambini, se le vedete, non esitate a intervenire!

Sara Not

Tornate nella loro mansarda, leggono un bel libro, mettono su un cd, cucinano una buona cenetta e sono pronte a uscire con gli amici. Quando si annoiano, aspettano la bora che le porta al mare.

Sara Not

IL BATTELLO A VAPORE

Banda Ridere
dai 7 agli 11 anni

1. Justin D'Ath, *Cacca verde e pecore marziane*
2. Jeremy Strong, *Fermate quel caneee!!!*
3. Kim Caraher, *Scarafaggi e altre schifezzerie*
4. Christine Nöstlinger, *L'hai fatta grossa, Belzebik!*
5. Dino Ticli, *Voglio un cane!*
6. Scoular Anderson, *L'orrida, tremenda, irripetibile verità sulla scuola*
7. Bosticco & Martinez, *Luca Dong dalla Cina con amore*
8. Kaye Umansky, *La veva stovia del Pvincipe Vanocchio*

Valentina
a partire dagli 8 anni

1. Angelo Petrosino, *V come Valentina*
2. Angelo Petrosino, *Un amico Internet per Valentina*
3. Angelo Petrosino, *In viaggio con Valentina*
4. Angelo Petrosino, *A scuola con Valentina*
5. Angelo Petrosino, *Un mistero per Valentina*
6. Angelo Petrosino, *La cugina di Valentina*
7. Angelo Petrosino, *Gli amici di Valentina*
8. Angelo Petrosino, *L'estate di Valentina*
9. Angelo Petrosino, *La famiglia di Valentina*
10. Angelo Petrosino, *Quattro gatti per Valentina*
11. Angelo Petrosino, *Buon Natale, Valentina!*

Angelo Petrosino, *Il viaggio in Italia di Valentina*

IL BATTELLO A VAPORE

Serie Arancio
a partire dai 9 anni

1. Mino Milani, *Guglielmo e la moneta d'oro*
2. Christine Nöstlinger, *Diario segreto di Susi. Diario segreto di Paul*
3. Mira Lobe, *Il naso di Moritz*
4. Juan Muñoz Martín, *Fra Pierino e il suo ciuchino*
5. Eric Wilson, *Assassinio sul "Canadian-Express"*
6. Eveline Hasler, *Un sacco di nulla*
7. Hubert Monteilhet, *Di professione fantasma*
8. Carlo Collodi, *Pipì, lo scimmiottino color di rosa*
9. Alfredo Gómez Cerdá, *Apparve alla mia finestra*
10. Maria Gripe, *Ugo e Carolina*
11. Klaus-Peter Wolf, *Stefano e i dinosauri*
12. Ursula Moray Williams, *Spid, il ragno ballerino*
13. Anna Lavatelli, *Paola non è matta*
14. Terry Wardle, *Il problema più difficile del mondo*
15. Gemma Lienas, *La mia famiglia e l'angelo*
16. Angelo Petrosino, *Le fatiche di Valentina*
17. Jerome Fletcher, *La voce perduta di Alfreda*
18. Ken Whitmore, *Salta!!*
19. Dino Ticli, *Sette giorni a Piro Piro*
21. Peter Härtling, *Che fine ha fatto Grigo?*
22. Roger Collinson, *Willy e il budino di semolino*
23. Hazel Townson, *Lettere da Montemorte*
24. Chiara Rapaccini, *La vendetta di Debbora (con due "b")*
25. Christine Nöstlinger, *La vera Susi*
26. Niklas Rådström, *Robert e l'uomo invisibile*
27. Angelo Petrosino, *Non arrenderti, Valentina!*
28. Roger Collinson, *Willy acchiappafantasmi e gli extraterrestri*
29. Sebastiano Ruiz Mignone, *Il ritorno del marchese di Carabas*
30. Phyllis R. Naylor, *Qualunque cosa per salvare un cane*
33. Anna Lavatelli, *Tutti per una*
34. G. Quarzo - A. Vivarelli, *La coda degli autosauri*, Premio "Il Battello a Vapore" 1996
35. Renato Giovannoli, *Il mistero dell'Isola del Drago*

IL BATTELLO A VAPORE

36. Roy Apps, *L'estate segreta di Daniel Lyons*
37. Gail Gauthier, *La mia vita tra gli alieni*
38. Roger Collinson, *Zainetto con diamanti cercasi*
39. Angelo Petrosino, *Cosa sogni, Valentina?*
40. Sally Warner, *Anni di cane*
41. Martha Freeman, *La mia mamma è una bomba!*
42. Carol Hughes, *Jack Black e la nave dei ladri*
43. Peter Härtling, *Con Clara siamo in sei*
44. Galila Ron-Feder, *Caro Me Stesso*
45. Monika Feth, *Ra-gazza ladra*
46. Dietlof Reiche, *Freddy. Vita avventurosa di un criceto*
47. Kathleen Karr, *La lunga marcia dei tacchini*
48. Alan Temperley, *Harry e la banda delle decrepite*
49. Simone Klages, *Il mio amico Emil*
50. Renato Giovannoli, *Quando eravamo cavalieri della Tavola Rotonda*
51. Louis Sachar, *Buchi nel deserto*
52. Luigi Garlando, *La vita è una bomba!*, Premio "Il Battello a Vapore" 2000
53. Sebastiano Ruiz Mignone - Guido Quarzo, *Pirati a Rapallo*
54. Chiara Rapaccini, *Debbora va in tivvù!*
55. Henrietta Branford, *Libertà per Lupo Bianco*
56. Pinin Carpi, *Cion Cion Blu*
57. Louis Sachar, *C'è un maschio nel bagno delle femmine!*
58. Dino Ticli, *Ritorno a Piro Piro*
59. Ennio Cavalli, *I gemelli giornalisti*
60. A. Lavatelli - A. Vivarelli, *cara C@rla tua Daian@*

Serie Arancio ORO

1. Renato Giovannoli, *I predoni del Santo Graal*, Premio "Il Battello a Vapore" 1995
3. Peter Härtling, *La mia nonna*
5. Katherine Paterson, *Un ponte per Terabithia*
6. Henrietta Branford, *Un cane al tempo degli uomini liberi*
7. Sjoerd Kuyper, *Robin e Dio*
8. Louis Sachar, *Buchi nel deserto*
9. Henrietta Branford, *Libertà per Lupo Bianco*

IL BATTELLO A VAPORE

Il magico mondo di Deltora
a partire dai 9 anni

1. Emily Rodda, *Le Foreste del Silenzio*
2. Emily Rodda, *Il Lago delle Nebbie*
3. Emily Rodda, *La Città dei Topi*
4. Emily Rodda, *Il Deserto delle Sabbie Mobili*
5. Emily Rodda, *La Montagna del Terrore*
6. Emily Rodda, *Il Labirinto della Bestia*
7. Emily Rodda, *La Valle degli Incantesimi*
8. Emily Rodda, *La Città delle Sette Pietre*

I misteri dello Scarabeo d'Oro
a partire dai 9 anni

1. Alberto Melis, *L'amuleto magico*
2. Alberto Melis, *La mummia rubata*
3. Alberto Melis, *L'occhio di alabastro*

I Brividosi
a partire dai 9 anni

1. P. P. Strello, *Il ritorno dello spaventapasseri*
2. P. P. Strello, *Il pozzo degli spiriti*
3. P. P. Strello, *La notte delle streghe*
4. P. P. Strello, *Un magico Halloween*
5. P. P. Strello, *La casa stregata*
6. P. P. Strello, *Il pianoforte fantasma*
7. P. P. Strello, *Due streghe per due gemelle*
8. P. P. Strello, *Il bacio del serpente*
9. P. P. Strello, *Il tesoro degli Inca*
10. P. P. Strello, *L'ira del Minotauro*

Questo libro non è vendibile
se sprovvisto del presente tagliando

PROVA D'ACQUISTO
IL BATTELLO A VAPORE
SUPERAMICHE
DEL CUORE
N° 1